문해력이 쑥쑥!

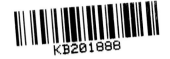

1
초등학교 저학년
어휘편

초등 문해력
어휘 100단어의 힘

하루 5개씩 생활 속에서 자주 사용하는 어휘와 교과서 수록 어휘를 익히고 활용하는 연습으로 문해력의 기초 만들기 (부록 100단어 따라쓰기 포함)

2
초등학교 저학년
문장편

초등 문해력
문장 100개의 힘

하루 4쪽씩 문장을 익히고 여러 가지 방법으로 문장 짜임을 공부하고 모범 문장을 익히며 기초 문해력 완성

3
관용어&
속담편

초등 문해력
관용어와 속담 80개의 힘

하루 4개씩 일상에서 자주 사용하는 관용어와 속담을 익히고 활용하며 생활의 지혜를 얻는 문해력 완결판

문해쑥쑥③ 관용어&속담

초판 1쇄	2025년 4월 30일
글쓴이	(사)한국문예원언어콘텐츠연구원 오정옥, 원예경, 장임경, 김희정, 박주희
책임감수	오길주, 조월례
펴낸이	조영진
펴낸곳	고래가숨쉬는도서관
출판등록	제406-2006-000090호
주소	서울시 서대문구 연희로41다길 13 바우하우스 2층
전화	02-6081-9680
팩스	0505-115-2680
이메일	goraebook@naver.com
디자인	로뎀

ISBN 979-11-92817-73-6
ISBN 979-11-92817-26-2 (세트)

* 값은 뒤표지에 적혀 있습니다.
* 잘못 만든 책은 구입하신 서점에서 바꾸어 드립니다.

품명: 도서 | **전화번호**: 02-6081-9680 | **제조년월**: 2025년 4월
제조국명: 대한민국 | **제조자명**: 고래가숨쉬는도서관
주소: 서울시 서대문구 연희로41다길 13 바우하우스 2층
사용 연령: 8세 이상
*** KC마크는 이 제품이 공통안전기준에 적합하였음을 의미합니다.**

우리말 바로쓰기

문해 쑥쑥

하루4개 20일 완성

3 관용어&속담편

(사)한국문예원언어콘텐츠연구원

고래가 숨 쉬는 도서관

왜 문해 쑥쑥?

문해력이란 '글을 읽고 이해하는 능력'을 뜻하며, 새로운 내용을 창작하고 의사소통하는 능력까지 포함합니다. 연령에 상관없이 누구에게나 가장 필요한 역량이며 '초기 문해력 → 기초 문해력 → 기능 문해력' 순으로 발달합니다.

초등 저학년 시기에 기초 문해력을 탄탄히 다지는 것은 이후 여러 교과 학습을 좀 더 잘하기 위한 필수적인 조건입니다. 문해력을 다지는 문해쑥쑥 ①-③을 통해 어휘와 문장, 관용어의 정확한 의미와 쓰임을 익히고, 스스로 능숙하게 활용하면서 문해력을 탄탄하게 다질 수 있습니다.

초등학교 단계는 평생에 사용할 기본 어휘를 배우는 시기입니다. 아이들은 책을 읽고, 듣고, 말하고, 글을 쓰면서 수많은 어휘를 만납니다. 그 과정에서 어휘를 반복해서 사용하면서 자신의 어휘로 정착시키게 됩니다.

문해쑥쑥
(관용어와 속담)

관용어와 속담을 통해서 일상에서 우리말을 바로 배우는 것을 돕기 위해 만든 책입니다.

관용어는 두 개 이상의 단어로 이루어진 '습관적으로 쓰는 말'로 정의합니다. 즉 일상에서 자주 사용하는 언어이니 만큼 관용어를 풍부하게 알아 두면 풍부한 언어를 구사하는 능력을 갖추게 되는 것입니다.

속담은 옛부터 전해 오는 쉬운 격언이나 잠언(가르쳐서 훈계하는 내용)입니다.

즉 관용어나 속담은 '보통 사람들이 습관적으로 쓰는 언어, 오랜 삶을 통해 이루어진 교훈이 담긴 짧은 글'입니다. 본 교재는 하루에 관용어 두 개, 속담 두 개를 활용한 적용문제와 확인학습을 할 수 있도록 구성하였습니다.

이렇게 주 단위로 제시된 학습 진도표를 따라가다 보면 관용어 40개, 속담 40개를 배울 수 있습니다.

아무쪼록 많은 어린이들이 문해쑥쑥 ③을 통해 풍부한 언어를 활용하며 다채로운 문장을 구사하는 지혜로운 어린이로 성장할 수 있기를 바랍니다.

(사) 한국문예원언어콘텐츠연구원
Korea Moonyewon Language Contents Institutue

구성과 특징

1주간의 구성을 알아볼까요?

1 20일에 완성하는 문해쑥쑥 대작전

본 학습은 D-20 일부터 시작하여 하루 학습을 마치면 수업할 분량이 하루씩 줄어드는 방식입니다.

D-20에서 시작하여 D-1까지 하루 학습을 마치면 한 칸씩 색칠해 나가세요.

2 주차 학습내용

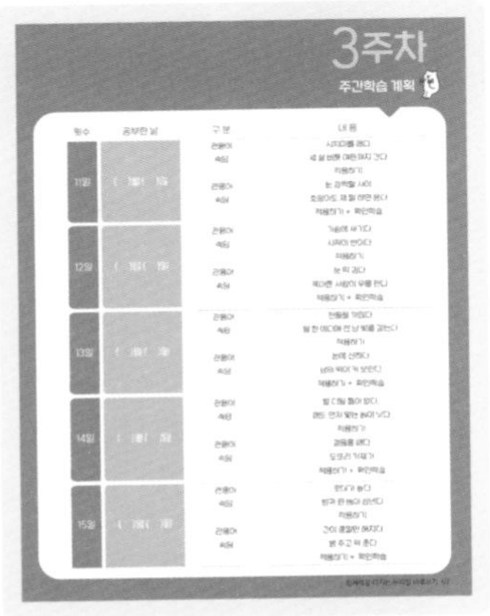

각 주차 학습내용은 관용어와 속담을 다양하게 활용할 수 있도록 구성하였습니다.

그날그날 내용도 살펴보고 여러분의 하루하루 일정을 생각하면서 학습 계획을 세우세요.

3 알아보기

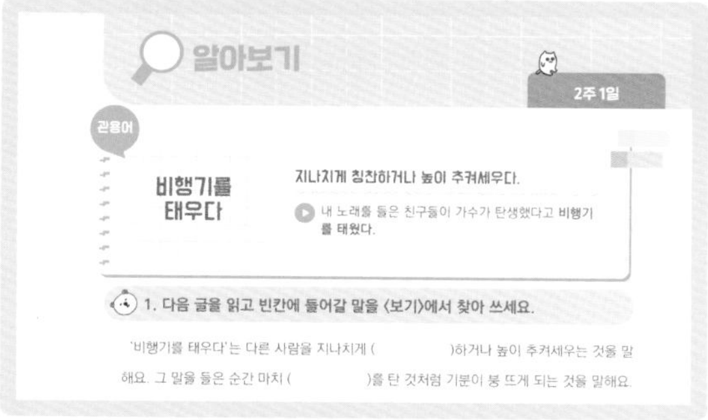
알아보기

2주 1일

관용어

비행기를 태우다

지나치게 칭찬하거나 높이 추켜세우다.

내 노래를 들은 친구들이 가수가 탄생했다고 비행기를 태웠다.

1. 다음 글을 읽고 빈칸에 들어갈 말을 〈보기〉에서 찾아 쓰세요.

'비행기를 태우다'는 다른 사람을 지나치게 (　　　)하거나 높이 추켜세우는 것을 말해요. 그 말을 들은 순간 마치 (　　　)를 탄 것처럼 기분이 붕 뜨게 되는 것을 말해요.

'알아보기'에 실린 관용어와 속담을 읽습니다.

예문과 예문을 활용한 문장을 통해 관용어와 속담의 의미를 정확하게 이해합니다. '알아보기'는 두 번을 연속해서 학습하도록 하였습니다.

4 적용하기

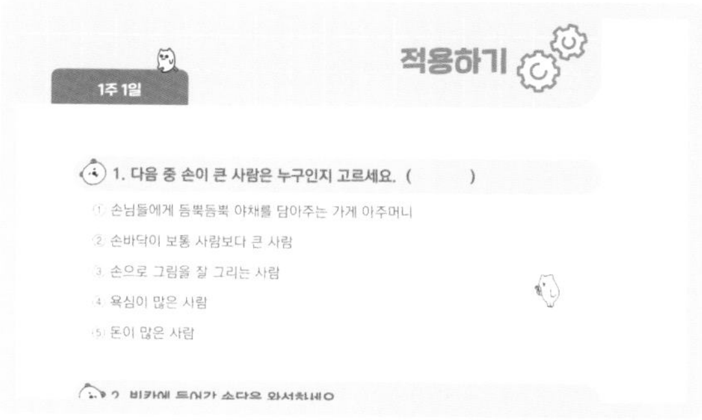
적용하기

1주 1일

1. 다음 중 손이 큰 사람은 누구인지 고르세요. (　　　)

① 손님들에게 등뿍등뿍 야채를 담아주는 가게 아주머니

② 손바닥이 보통 사람보다 큰 사람

③ 손으로 그림을 잘 그리는 사람

④ 욕심이 많은 사람

⑤ 돈이 많은 사람

'알아보기'에서 학습한 내용을 활용해 보는 단계입니다.

관용어나 속담을 활용한 문제를 풀어 보면서 우리말을 다양하게 활용해 보는 동안 자신도 모르는 사이에 문해력이 쑥쑥 자라날 거예요.

5 확인학습

확인학습

4주 1일

1. 다음 내용과 어울리는 말을 〈보기〉에서 골라 쓰세요.

보기　신중하지 못하다　겸손하다　우쭐댄다　욕심 입다　검소하다

① 개구리 올챙이 적 생각 못하고 자기보다 축구를 못하는 친구를 놀리는 창글이

앞서 학습한 내용을 정리하는 활동이에요.

관용어와 속담을 활용한 문제를 다시 한 번 풀면서 하루 학습을 정리하세요.

6 스스로 평가

스스로 평가 ☆☆☆☆☆

★★★★★ 참 잘했어요

★★★★ 잘했어요　★★★ 괜찮아요

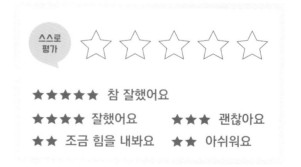

★★ 조금 힘을 내봐요　★★ 아쉬워요

별표 기준을 보면서 스스로 그날 자신의 학습을 평가해 보세요.

하루 학습을 마치면 맨 뒤에 있는 정답 및 해설을 보면서 답을 맞혀 보세요.

목차

1주

2주

목차

3주

4주

20일에 완성하는
문해쑥쑥

1주차
1일~ 5일

1주차

주간학습 계획

학습계획	공부한 날	구 분	내 용
1일	(　　)월 (　　)일	관용어	눈코 뜰 새 없다
		속담	구르는 돌에는 이끼가 끼지 않는다
			적용하기
		관용어	입이 무겁다
		속담	가는 말이 고와야 오는 말이 곱다
			적용하기 + 확인학습
2일	(　　)월 (　　)일	관용어	손이 크다
		속담	식은 죽 먹기
			적용하기
		관용어	손발이 맞다
		속담	내 코가 석 자
			적용하기 + 확인학습
3일	(　　)월 (　　)일	관용어	속을 태우다
		속담	친구 따라 강남 간다
			적용하기
		관용어	입을 모으다
		속담	갈수록 태산
			적용하기 + 확인학습
4일	(　　)월 (　　)일	관용어	기가 막히다
		속담	부뚜막의 소금도 집어넣어야 짜다
			적용하기
		관용어	머리를 맞대다
		속담	천 리 길도 한 걸음부터
			적용하기 + 확인학습
5일	(　　)월 (　　)일	관용어	마음에 들다
		속담	까마귀 고기를 먹었나
			적용하기
		관용어	눈치가 빠르다
		속담	쇠뿔도 단김에 빼라
			적용하기 + 확인학습

알아보기

관용어

눈코 뜰 새 없다

정신 못 차리게 몹시 바쁘다.

▶ 학예회 준비로 오늘 **눈코 뜰 새 없이** 바쁘다.

1. 관용어를 바르게 말한 사람을 고르세요. (　　　　　　　　　　　　)

민호 : 오늘은 학교도, 학원도 쉬는 날이라 눈코 뜰 새가 없어.

진서 : 이사를 앞두고 온 가족이 눈코 뜰 새 없이 바쁘다.

병재 : 햇빛이 눈이 부셔서 눈코 뜰 새가 없어.

속담

구르는 돌에는 이끼가 끼지 않는다

부지런하고 꾸준히 노력하는 사람은 계속 발전한다.

▶ '**구르는 돌에는 이끼가 끼지 않는다**'는데 매일 놀기만 하면 피아노 실력은 늘지 않는다.

2. 속담의 뜻을 바르게 말한 사람을 고르세요. (　　　　　　　　　　　　)

민우 : 구르는 돌에는 이끼가 끼지 않는다는데 너처럼 지저분해서 그런 거야.

경호 : 구르는 돌에는 이끼가 끼지 않는 것처럼 평소에 열심히 운동하면 체력이 좋아질 거야.

적용하기

1주차 1일

1. '눈코 뜰 새 없다'는 말에 어울리는 그림을 고르세요. (　　　　　)

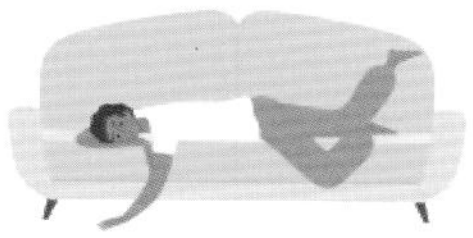

①

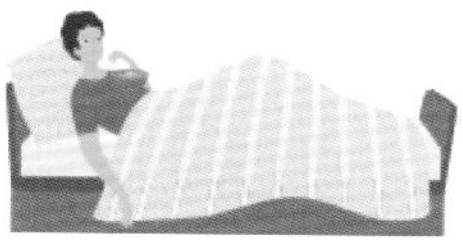

②

③

④

2. 다음 중 '구르는 돌에는 이끼가 끼지 않는다'는 속담이 어울리는 사람은 누구인지 고르세요. (　　　　　　　　　　)

참글이 : 날마다 달리기를 연습하여 체육대회에서 우승했다.

경수 : 날마다 음식을 많이 먹어서 살이 많이 쪘다.

정환 : 책을 많이 쌓아 놓지만 바빠서 잘 읽지는 못한다.

3. 속담에 나오는 '구르는 돌'을 다른 말로 표현한다면 가장 어울리는 말은 무엇인지 고르세요. (　　　　　)

① 새로운 것을 겁내지 않는다.

② 뭐든 적당히 한다.

③ 꾸준히 노력한다.

④ 약자를 배려한다.

⑤ 자연을 보호한다.

알아보기

1주차 1일

관용어

입이 무겁다

말수가 적거나 아는 이야기를 함부로 옮기지 않는다.

▶ 내 친구는 **입이 무거워서** 비밀을 잘 지켜 준다.

1. 관용어를 바르게 활용한 사람을 고르세요. (   )

인우 : 우리 형은 무엇이든지 많이 먹어서 입이 무거워.

민호 : 내 동생은 입이 무거워서 내가 고민을 털어놓아도 믿음직해.

속담

가는 말이 고와야 오는 말이 곱다

내가 남에게 말이나 행동을 좋게 해야 남도 나에게 좋게 한다는 말.

▶ 복도에서 실수로 친구와 부딪혔다. **가는 말이 고우면 오는 말이 곱다**고 내가 미안하다고 하자 친구가 웃으면서 괜찮다고 했다.

2. 다음 중 위 속담에 알맞은 상황을 고르세요. (   )

① 친구끼리 시비가 붙어서 싸웠을 때

② 친구끼리 서로 칭찬하며 격려해 줄 때

③ 손님이 가게 주인에게 소리 지르며 항의할 때

④ 먼저 인사를 했는데 친구가 받아 주지 않을 때

⑤ 친구가 내 욕하는 것을 들었을 때

적용하기

1. 〈보기〉에서 밑줄 친 내용과 바꿔 쓸 수 있는 관용어는 무엇인지 고르세요.

보기 입이 가벼운 친구에게 비밀을 털어놓았더니 금세 반 전체에 소문이 퍼졌다.

① 말을 신중하게 하는　② 남의 말을 잘 옮기는　③ 믿음직스러운
④ 생각이 깊은　⑤ 성격이 조심스러운

2. 다음 대화를 읽고 '말을 곱게'하는 사람의 이름을 쓰세요.
(　　　　　　　)

민수 : 민호야, 네가 읽고 있는 책 다 읽으면 나 좀 빌려줄 수 있니?
지후 : 새로 산 책이라 안 돼.
민수 : 잘 보고 돌려줄게. 응?
지후 : 아이 참, 귀찮게 좀 하지 마.

3. 다음 빈칸에 들어갈 속담을 완성하세요.

	ㄱ	ㄴ		ㅁ	ㅇ		고	와	야
ㅇ	ㄴ		ㅁ	ㅇ		곱	다	.	

확인학습

1. 다음 빈칸에 들어갈 속담이나 관용어를 완성하세요.

① 내 짝은

입	이		ㅁ	ㄱ	ㅇ	ㅅ

어떤 얘기를 해도 믿을 수 있다.

②

입	이		ㅁ	ㄱ	ㅇ

사람은 남의 이야기를 함부로 하지 않는다.

③ 다음 글을 읽고 빈칸에 들어갈 관용어를 완성해 보세요.

병재는 다른 친구들이 한 말을 듣고 부풀려서 여기저기 소문을 내고 다니다가 결국 친구도 잃고 선생님께 혼이 났다.

입	이		ㄱ	ㅂ	ㄷ	.

스스로 평가 ☆ ☆ ☆ ☆ ☆

알아보기

1주차 2일

관용어

손이 크다

씀씀이가 후하고 크다.

▶ 국밥집 할머니는 **손이 커서** 손님들에게 반찬을 가득 담아 주었다.

1. 관용어를 바르게 활용한 사람은 누구인지 고르세요. (　　　　　　　　)

가윤 : 나는 손이 커서 어른 장갑도 낄 수 있어!

준우 : 손이 큰 우리 엄마는 맨날 간식을 엄청 많이 주셔.

속담

식은 죽 먹기

아주 쉬운 일

▶ 달리기 경주에서 토끼가 거북이를 이기는 것쯤이야 **식은 죽 먹기야.**

2. 위 속담을 바르게 활용한 친구는 누구인지 고르세요. (　　　　　　　　)

주원 : '식은 죽 먹기'는 누구나 손쉽게 할 수 있는 일을 말해.

민우 : 아무리 노력해도 소용없는 일을 보고 '식은 죽 먹기'라고 해.

적용하기

1. 다음 중 손이 큰 사람은 누구인지 고르세요. (　　　　　　　　　)

① 손님들에게 듬뿍듬뿍 야채를 담아 주는 가게 아주머니

② 손바닥이 보통 사람보다 큰 사람

③ 손으로 그림을 잘 그리는 사람

④ 욕심이 많은 사람

⑤ 돈이 많은 사람

2. 빈칸에 들어갈 속담을 완성하세요.

선생님께서 숙제로 글쓰기를 세 개나 내 주셨다. 그것쯤이야!

ㅅ	ㅇ		ㅈ		ㅁ	ㄱ

지.

3. 다음 중 어린이가 혼자서 '식은 죽 먹기'처럼 쉽게 할 수 있는 일은 무엇인지 고르세요. (　　　　　)

① 외발 자전거 타기

② 떡볶이 만들기

③ 수학 문제 100문제 풀기

④ 누워서 텔레비전 보기

⑤ 높은 곳에 있는 물건 꺼내기

알아보기

관용어

손발이 맞다

함께 일할 때 마음이나 의견, 행동 방식 따위가 서로 맞다.

▶ 민수와 민호는 **손발이 척척 맞아** 교실 청소를 빨리 끝낼 수 있었다.

1. 친구와 손발이 잘 맞아야 할 수 있는 일은 무엇인지 고르세요. (　　　　)

① 싸움　② 시험 공부　③ 모둠 활동　④ 급식 먹기　⑤ 독서

속담

내 코가 석 자

내 사정이 급하고 어려워서 남을 돌볼 여유가 없다는 뜻

▶ 지금 **내 코가 석 자라** 다른 사람을 도울 겨를이 없다.

2. 다음 중 '내 코가 석 자'의 뜻을 잘못 말한 사람은 누구인지 고르세요.
(　　　　　　　　)

서연 : '내 코가 석 자' 라는 말은 자신이 매우 어려운 상황에 처해 있다는 말이야.

민수 : 나도 지금 내 코가 석 자라서 너를 도와줄 수가 없어.

해리 : 피노키오의 코가 길어진 이유는 '내 코가 석 자'라는 말처럼 거짓말을 자주 했기 때문이야.

적용하기

1. '손발이 맞다'를 적절하게 활용한 사람은 누구인지 고르세요. (　　　　　)

다혜 : 우리 모둠은 손발이 잘 맞으니까 청소를 해도 하나도 힘들지 않아.

지안 : 나랑 내 짝은 손발이 맞아서 틈만 나면 서로 놀리고 싸워.

2. 다음 중 손발이 서로 잘 맞는 사이는 누구인지 고르세요. (　　　　　)

① 사나운 개와 고양이

② 서로 싫어하는 반장, 부반장

③ 몇 년 동안 함께한 국가대표팀 선수들

④ 분단 국가인 우리나라와 북한

⑤ 처음 만난 이웃들

3. 다음 중 '내 코가 석 자'인 사람은 누구인지 고르세요. (　　　　　)

민이 : 비가 오는데 우산이 없어서 친구 우산을 빌려 쓰고 왔어.

경민 : 배가 고파서 집에 왔더니 엄마가 내가 좋아하는 피자를 만들어 놓으셨어.

혜인 : 친구가 자기를 도와 달라고 하는데 내 것도 다 못해서 울고 싶었어.

확인학습

아래 글자판에는 가로 세로에 속담과 관용어가 숨어 있어요. 내용에 맞는 적절한 관용어나 속담을 찾아 색칠한 뒤 빈칸에 쓰세요.

① '하기 쉬운 일'을 나타내는 속담을 찾아 쓰세요.

② 무엇이든 '듬뿍듬뿍 나누어 주는 인심 좋은 사람'을 나타내는 관용어를 찾아 쓰세요.

③ 남을 돌볼 여유가 없을 만큼 힘든 상황이 되었을 때 쓰는 속담을 찾아 쓰세요.

식	소	틀	리	다	갱
은	기	손	이	크	다
죽	롱	숑	서	다	생
먹	내	코	가	석	자
기	마	작	망	강	용
니	강	다	싱	쉽	다

스스로 평가 ☆ ☆ ☆ ☆ ☆

알아보기

관용어

속을 태우다

몹시 걱정이 되어 마음을 졸이다.

▶ 내일 공연이 걱정되어 **속을 태우다**가 한숨도 못 잤다.

1. 밑줄 친 관용어를 바르게 활용한 사람은 누구인지 고르세요. (　　　　　　　　　)

나래 : 어제 산 핸드폰을 손이 크게 버스에 놓고 내려서 잃어버렸어.

지연 : 어머, 어떡해! 너 정말 간이 크다!

진수 : 밤새 잠도 못 자고 속을 태웠겠다.

속담

친구 따라 강남 간다

하고 싶지 않은 일을 남에게 끌려서 덩달아 하게 되다.

▶ 나는 물이 무섭지만 **친구 따라 강남 간다고** 수영장에 갔다.

2. 속담을 바르게 활용한 사람은 누구인지 고르세요. (　　　　　　　　　)

민우 : '친구 따라 강남 간다'고 친구 따라 오디션을 보고 대상을 받았지 뭐야.

아연 : '친구 따라 강남 간다'는 속담처럼 수학을 어려워하는 친구에게 친절하게 알려 주었다.

적용하기

1. 빈칸에 들어갈 알맞은 관용어를 쓰세요.

숙제를 하지 않고 학교에 갔는데 갑자기 선생님이 숙제 검사를 한다고 해서

조마조마하며

ㅅ	ㅇ		ㅌ	ㅇ	ㄷ	.

2. 다음은 친구, 우정과 관련된 속담과 명언입니다. 의미를 생각하며 따라 쓰세요.

① 소나무가 무성하면 잣나무도 기뻐한다.

	소	나	무	가		무	성	하	면	
잣	나	무	도		기	뻐	한	다	.	

② 친구와 포도주는 오래될수록 좋다.

	친	구	와		포	도	주	는		오
래	될	수	록		좋	다	.			

3. 별로 하고 싶지 않은 일도 친구가 하면 따라하는 경우를 나타내는 속담을 고르세요. (   )

① 제 눈에 안경이다. ② 친구 따라 강남 간다. ③ 달면 삼키고, 쓰면 뱉는다.

④ 바늘 도둑이 소도둑 된다. ⑤ 고양이가 쥐 생각해 준다.

알아보기

1주차 3일

관용어

입을 모으다

여러 사람이 같은 의견을 말하다.

▶ 크리스마스 때 학교에서도 파티를 해야 한다고 친구들이 **입을 모아** 말했다.

1. 다음 중 밑줄 친 관용어를 바르게 사용한 사람을 고르세요. (   )

① 모둠끼리 입을 모아 대청소를 했더니 훨씬 쉬웠어.

② 친구의 비밀을 지키기 위해 입을 모아 소문을 냈다.

③ 여럿이 입을 모으면 힘든 일도 쉬워진다.

④ 친구를 배려하는 반장을 모두 입을 모아 칭찬했다.

⑤ 내 친구는 시험을 잘 보려고 입을 모았다.

속담

갈수록 태산

무슨 일을 할 때 점점 더 어려운 일이 생기다.

▶ 영어 공부는 할수록 어렵다. 말하기는 더욱 어려워 **갈수록 태산**이다.

2. 다음을 읽고 빈칸에 들어갈 속담을 완성하세요.

선생님 : 오늘은 운동장을 한 바퀴만 뛰자.

아이들 : 헉헉, 다 뛰었어요.

선생님 : 그럼 이제 두 바퀴만 더 뛰자.

아이들 : 으악, 너무 힘들어요!

선생님 : 달리기 연습은 이제부터다. 오늘부터 세 바퀴씩 뛰어 보자!

아이들 : 큰일 났다,

ㄱ	ㅅ	ㄹ		ㅌ	ㅅ

이다!

적용하기

1. 다음 내용에 어울리는 관용어는 무엇인지 고르세요. (   )

추석 연휴가 나흘이나 되었다. 선생님께서는 연휴 때 쉬어서 부족한 수업을 방과 후 남아서 더 하자고 하셨다. 아이들은 모두 "안 돼요!"라고 외쳤다.

① 입이 거칠다. ② 입을 모으다. ③ 입이 무겁다.
④ 입이 짧다. ⑤ 입이 마르다.

2. 어른들에게 입을 모아 하고 싶은 말을 빈칸에 한 가지 써 보세요.

예) 숙제를 다 하면 한 시간 동안

(   )

3. 다음 중 '갈수록 태산'이라고 생각되는 상황을 고르세요. (   )

① 아빠와 산에 갔다. 처음엔 힘들었지만 꾸준히 오르다 보니 어느덧 정상에 도착했다.

② 우산도 안 가져왔는데 비가 왔다. 다행히 친구가 우산을 씌워 줬다.

③ 이번 달에는 시험, 숙제가 많아서 힘들지만 참고 노력하면 좋은 결과가 있을 거야.

④ 칭찬해 주는 말을 듣고 나니 나도 칭찬하는 말을 해 주고 싶어졌어.

⑤ 수학 문제를 간신히 풀었는데 더 어려운 문제가 계속 나오네.

1주차 3일

확인학습

1. 관용어 또는 속담과 그에 맞는 의미를 알맞게 연결하세요.

① 속을 태우다 •	• 한목소리로 말하다.
② 친구 따라 강남 간다 •	• 갈수록 어렵다.
③ 갈수록 태산 •	• 내키지 않지만 따라간다.
④ 입을 모으다. •	• 몹시 걱정된다.

2. 다음 관용어 또는 속담에 어울리는 의미에 동그라미 하세요.

① 속을 태우다. – (마음을 졸이다. / 마음이 넓다.)

② 친구 따라 강남 간다. – (친구를 좋아한다. / 덩달아 친구를 따라 한다.)

③ 입을 모으다. – (한목소리로 말하다. / 마음을 모으다.)

④ 갈수록 태산 – (갈수록 힘들다. / 갈수록 좋아지다.)

3. 다음 중 '갈수록 태산'과 비슷한 말은 무엇인지 고르세요. (   )

① 묵묵부답 : 입을 다물고 아무 말도 하지 않음

② 설상가상 : 어려운 일이 겹겹이 쌓임.

③ 비몽사몽 : 꿈인지 생시인지 분간이 안 됨

④ 다다익선 : 많으면 많을수록 더욱 좋음

⑤ 권선징악 : 착한 일을 권장하고 악을 벌함

스스로 평가 ☆ ☆ ☆ ☆ ☆

알아보기

관용어

기가 막히다

뜻밖의 일을 당하여 황당하다.

▶ 책가방을 잃어버리다니 **기가 막힐** 노릇이다.

1. 다음 〈보기〉 중 '기가 막히다'와 비슷한 말에 동그라미 하세요. (정답 2개)

보기 기가 차다 기가 죽다 어이없다

속담

부뚜막의 소금도 집어넣어야 짜다

아무리 쉬운 일이라도 하지 않으면 소용없다.

▶ **부뚜막에 있는 소금도 집어넣어야 짠 것처럼** 공부하지 않으면 시험을 잘 볼 수가 없다.

2. 다음을 읽고 서진이에게 충고해 줄 때 사용할 수 있는 속담으로 알맞은 것을 고르세요. (   )

서진이는 다가오는 시험 때문에 문제집을 여러 권 사 두었어요. 그런데 계속 미루다가 결국 하나도 풀지 않고 시험 날이 되어 버렸어요. 문제집을 풀었다면 맞힐 수 있는 문제가 많았는데, 다 틀려 버렸어요.

① 발 없는 말이 천 리 간다. ② 갈수록 태산 ③ 세 살 버릇 여든까지 간다.

④ 식은 죽 먹기 ⑤ 부뚜막의 소금도 집어넣어야 짜다.

적용하기

1. 다음 중 '기가 막히다'를 알맞게 활용한 사람을 고르세요. (　　　　　　)

상호 : 명절 때 과식했다가 심하게 체해서 기가 막혔지 뭐야.

이준 : 우리 집에 장마 때문에 기가 막힌 일이 있었어. 집에 물이 들어와서 학교로 피신했지 뭐야.

현우 : 열심히 노력한 만큼 이번 대회에서 좋은 결과가 나와서 기가 막혔어.

2. 다음 상황과 어울리는 관용어를 연결해 보세요.

① 선생님께 칭찬을 들은 지선 •		• 기를 쓰다
② 시험 점수가 엉망이라서 실망한 명수 •		• 기가 살다
③ 수영장에서 나를 따라잡으려고 애를 쓰는 민서 •		• 기가 죽다

3. '부뚜막의 소금도 집어넣어야 짜다'와 뜻이 비슷한 속담을 고르세요. (　　　　　　)

① 뛰는 놈 위에 나는 놈 있다.

② 구슬이 서 말이어도 꿰어야 보배

③ 호랑이에게 물려 가도 정신만 차리면 산다.

④ 돌다리도 두드려 보고 건너라.

⑤ 갈수록 태산

4. '부뚜막의 소금도 집어넣어야 짜다'에 나오는 부뚜막은 무엇인지 고르세요. (　　　　　　)

①

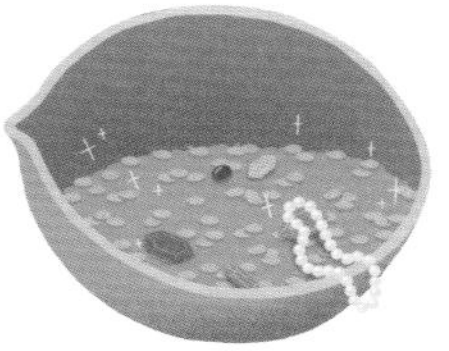
②

③

④

알아보기

1주차 4일

관용어

머리를 맞대다

어떤 일을 의논하거나 결정하기 위하여 서로 마주 대하다.

▶ 우리 반은 연극을 하기 위해 모두들 **머리를 맞대고** 의논했다.

1. 〈보기〉를 읽고 빈칸에 공통으로 들어갈 수 있는 관용어를 쓰세요.

보기

· 우리 모둠은 틈틈이 모여 (   ) 연극 대본을 짰다.

· 우리 반은 회의 시간에 (   ) 그 문제에 대해 의논했다.

(   )

속담

천 리 길도 한 걸음부터

무슨 일이나 그 일의 시작이 중요하다는 말

▶ **'천 리 길도 한 걸음부터'**라는 말처럼, 처음 산에 오를 때는 까마득했는데 한 걸음씩 가다 보니 정상에 도착했다.

2. '천 리 길도 한 걸음부터'는 큰 일을 이루기 위해선 눈 앞의 작은 일부터 하나하나 해야 한다는 뜻이에요. 〈보기〉에서 같은 의미를 가진 속담을 골라 동그라미 하세요.

보기

· 갈수록 태산 (   )

· 시작이 반이다 (   )

적용하기

1. 다음 상황과 어울리는 관용어나 속담에 연결하세요.

① 엄마 생일 파티를 준비하려고 아빠랑 몰래 의논했다. •   • 천 리 길도 한 걸음부터

② 방학을 맞아 문제집을 샀다. 어려워 보이지만 1회부터 차례대로 풀기로 했다. •   • 머리를 맞대다

2. '천 리 길도 한 걸음부터'라는 속담이 어울리는 사람은 누구인지 고르세요.

(   )

서연 : 수영을 잘하는 사람을 보면 부러워. 나도 이제부터 차근차근 수영을 배워서 수영 선수가 될 거야.

주아 : 나도 수영을 하고 싶긴 한데 선수가 되려면 너무 힘들어. 난 그냥 내가 하던 게임이나 잘할래.

3. 다음 상황에 어울리는 속담은 무엇인지 빈칸을 완성해 보세요.

서준이는 아빠와 등산을 하다 보니 발에 물집이 생겨서 힘들었다. 힘든 서진이가 "아빠, 너무 힘들어요. 정상까지 못 갈 것 같아요" 하며 불평하자 아빠는

"| ㅊ | | ㄹ | | ㄱ | ㄷ | | ㅎ | | ㄱ | ㅇ | ㅂ | ㅌ |야,

한 걸음씩 가다 보면 머지않아 정상에 도착할 거야. 좀 더 힘내자." 라고 격려하셨다.

확인학습

1주차 4일

1. 서로 관련 있는 단어나 문장끼리 연결하세요.

① 천 리 길 •	• 맞대다
② 머리 •	• 소금
③ 부뚜막 •	• 어이가 없다
④ 기가 막히다 •	• 한 걸음

2. 다음 중 관용어 '머리를 맞대다'를 잘못 사용한 사람을 고르세요.

(　　　　　　　　)

수영 : 도서관에서 친구와 나는 옆자리에서 머리를 맞대고 각자 책을 읽었다.

인하 : 버려진 강아지를 돕기 위해 우리는 머리를 맞대고 의논했다.

희수 : 친구들과 함께 떡볶이를 어떻게 만들어 먹을지 머리를 맞대고 모여 얘기했다.

스스로 평가 ☆ ☆ ☆ ☆ ☆

알아보기

관용어

마음에 들다

마음이나 감정에 좋게 여겨지다.

어렵게 고른 선물을 다행히 친구가 **마음에 들어** 했다.

1. 다음 〈보기〉를 읽고 빈칸에 들어갈 관용어를 쓰세요.

보기

경민이는 좋아하는 남자친구랑 같이 문구점에 갔다. 친구는 마음에 드는 물건이 보일 때마다 “이거 어때?”라고 경민이에게 물었다. 경민이는 친구가 기분 나쁠까 봐 (   ) 않아도 무조건 “괜찮네”라고 말했다.

(   )

속담

까마귀 고기를 먹었나

무엇을 잘 잊어버리는 사람에게 하는 말

나 **까마귀 고기를 먹었나** 봐.
숙제가 뭐였는지 또 잊어버렸어.

2. 다음 대화를 읽고, 빈칸에 들어갈 속담을 쓰세요.

인후: (민수에게 전화를 걸어서) 오늘 두 시에 우리 같이 숙제하기로 했잖아. 왜 아직 안 오는 거야?

민수: 아, 참. 깜빡 잊었어. 미안해….

인후: 너 (   )? 그걸 잊으면 어떡해?

적용하기

1주차 5일

1. 다음 중 관용어 '마음에 들다'를 잘못 사용한 사람을 고르세요. (　　　　　)

이진 : 오늘 시험을 못 봤다고 또 잔소리를 들었어. 짜증 나고 마음에 들어서 더는 못 참겠어.

연아 : 이번 시험을 잘 봤다고 엄마가 백화점에서 내 마음에 드는 선물을 아무거나 고르라고 하셨어.

2. 다음 빈칸에 들어갈 알맞은 말을 쓰세요.

미진 : 어제 선생님이 들려주신 '강아지 똥' 이야기가 잘 생각 나지 않아. 자세히 이야기 좀 해 줄래?

경희 : 나도 잘 기억이 나지 않아.

미진 : 우리 전부 다 (　　　　　　　　　　　　　　　　　　) 봐. 어제 배운 내용인데 정확히 아는 사람이 없네?

3. 다음 중 '까마귀 고기를 먹었나'와 관련 있는 단어를 고르세요. (　　　　　)

① 친절하다.

② 꾸준히 노력하다.

③ 기억력이 나쁘다.

④ 약속을 잘 지키다.

⑤ 검소하다.

관용어

눈치가 빠르다

남의 마음을 남다르게 빨리 알아채다.

▶ **눈치 빠른** 내 동생은 가족들이 자기 몰래 생일 파티를 준비하는 것을 알아챘다.

1. 다음 중 관용어를 바르게 활용한 사람은 누구인지 쓰세요. (　　　　　　　　)

민수 : 나는 눈치가 빠르고 둔해서 누가 머리 모양을 바꿔도 잘 못 알아봐.

지우 : 우리 반 반장은 눈치가 빨라서 선생님의 기분이 안 좋을 때는 아이들에게 미리 조용히 하라고 주의를 줘.

속담

쇠뿔도 단김에 빼라

무슨 일이든 기회가 왔을 때 망설이지 말고 바로 실행하라는 뜻

▶ 영호는 **쇠뿔도 단김에 빼랬다고** 방 청소를 당장 하기로 했다.

2. 다음 밑줄 친 말의 뜻으로 맞는 것을 〈보기〉에서 골라 동그라미 하세요.

쇠뿔도 <u>단김에 빼라.</u>

보기

당장 빼다　　바로 실행하다　　천천히 하다

적용하기

1. 〈보기〉의 상황에서 친구에게 물어볼 때 사용할 수 있는 속담으로 알맞은 것을 고르세요. (　　　　　)

보기 1월 3일은 내 생일이었다. 내 생일 다음 날에 친구가 내 선물을 사 놓았다고 했는데 2주가 지나도록 가져오지를 않는다. 너무 궁금해서 친구에게 직접 물어보기로 했다.

① 쇠불도 단김에 빼라.

② 친구 따라 강남 간다.

③ 까마귀 고기를 먹었나.

④ 식은 죽 먹기

⑤ 부뚜막의 소금도 집어넣어야 짜다.

확인학습

〈보기〉를 참고하여 빈칸에 들어갈 알맞은 말을 문맥에 맞게 쓰세요.

보기 까마귀 고기 눈치 마음에 든다

① □□ 빠른 동생은 부모님이 나한테만 용돈을 주시면 귀신같이 알아차린다.

② □□□□□□를 먹었는지 요즘 할 일을 자꾸 잊어버려.

③ 예쁜 인형이 많아서 □□에 □□ 것을 딱 하나만 고르기 어렵다.

스스로 평가 ☆ ☆ ☆ ☆ ☆

20일에 완성하는
우리말 바로쓰기 대작전

2주차
6일~10일

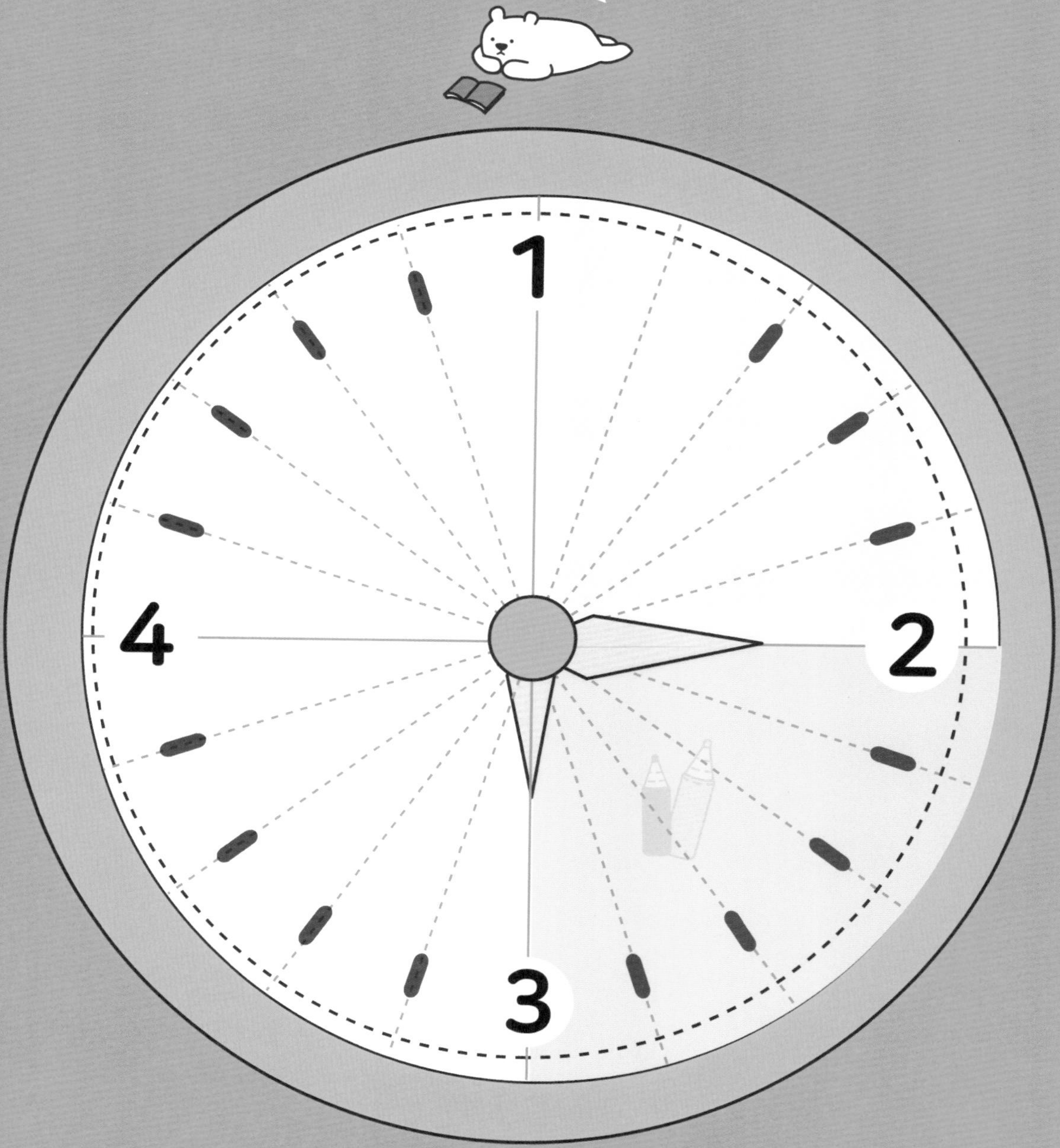

2주차

주간학습 계획

학습계획	공부한 날	구분	내용
6일	(　)월(　)일	관용어	귀가 따갑다 / 귀에 못이 박히다
		속담	우물에 가 숭늉 찾는다
			적용하기
		관용어	비행기를 태우다
		속담	티끌 모아 태산
			적용하기 + 확인학습
7일	(　)월(　)일	관용어	배가 아프다
		속담	감나무 밑에 누워 홍시 떨어지길 기다린다
			적용하기
		관용어	귀가 얇다
		속담	돌다리도 두드려 보고 건너라
			적용하기 + 확인학습
8일	(　)월(　)일	관용어	오지랖이 넓다
		속담	개밥에 도토리
			적용하기
		관용어	발 벗고 나서다
		속담	수박 겉핥기
			적용하기 + 확인학습
9일	(　)월(　)일	관용어	목이 빠지게 기다리다
		속담	고양이 목에 방울 달기
			적용하기
		관용어	마음을 먹다
		속담	백지장도 맞들면 낫다
			적용하기 + 확인학습
10일	(　)월(　)일	관용어	깨가 쏟아지다
		속담	등잔 밑이 어둡다
			적용하기
		관용어	밥 먹듯 하다
		속담	가는 날이 장날이다
			적용하기 + 확인학습

관용어

귀가 따갑다 /귀에 못이 박히다

너무 여러 번 들어서 듣기가 싫다.

여름에 매미 우는 소리 때문에 종일 **귀가 따갑다.**
그 잔소리는 정말 **귀에 못이 박히도록** 들었어.

1. 다음 〈보기〉를 읽고 빈칸에 공통으로 들어갈 단어를 쓰세요. (　　　　　　　)

보기

· 시험 일주일 전부터 공부하라는 말을 (　　　　　　)에 못이 박히도록 들었다.

· 잘 때는 꼭 불을 끄라는 잔소리를 (　　　　　　)에 못이 박히게 들었다.

속담

우물에 가 숭늉 찾는다

일의 순서도 모르고 성급하게 덤빈다.

엄마가 피자를 만들어 주신다고 하자 동생이 5분 간격으로 언제 다 되냐고 물었다. 엄마는 **우물에 가 숭늉 찾지** 말고 기다리라고 하셨다.

2. 빈칸에 들어갈 말로 알맞은 것을 〈보기〉에서 찾아 동그라미 하세요.

나는 평소에 성격이 급해서 '우물에 가 (　　　　　　) 찾는다'는 말을 많이 듣는다.

보기　숭늉　죽　쌀밥　곶감　홍시

적용하기

1. '귀가 따갑다'를 바르게 활용한 사람은 누구인지 고르세요. (   )

수영 : 우리 모둠이 협동해서 과제 발표를 잘 했다고 선생님께 귀가 따갑도록 칭찬을 들었다.

은호 : 할머니께서는 항상 예의 바르게 행동하라고 귀가 따갑도록 잔소리를 하신다.

채영 : 여름 방학 때 캠핑을 갔는데 갑자기 귀에 날파리가 들어가서 귀가 따가웠다.

2. 서로 관련된 것끼리 연결하세요.

① 귀가 따갑다.	•	•	성급하게 덤빈다.
② 우물에 가 숭늉 찾는다.	•	•	어떤 말을 듣기 싫다.

3. 빈칸에 들어갈 알맞은 관용어나 속담을 쓰세요.

짜장면 배달을 시킨 지 5분도 채 안 돼서 문 앞에 나가 기다리는 나를 보고 아빠는 "(   )" 라며 나무라셨다.

알아보기

2주차 6일

관용어

비행기를 태우다

지나치게 칭찬하거나 높이 추켜세우다.

▶ 내 노래를 들은 친구들이 가수가 탄생했다고 **비행기를 태웠다.**

1. 다음 글을 읽고 빈칸에 들어갈 말을 〈보기〉에서 찾아 쓰세요.

'비행기를 태우다'는 다른 사람을 지나치게 (　　　　　　)하거나 높이 추켜세우는 것을 말해요. 그 말을 들은 순간 마치 (　　　　　　)를 탄 것처럼 기분이 붕 뜨게 되는 것을 말해요.

보기　비행기　칭찬　야단　지적　기차

속담

티끌 모아 태산

티끌처럼 작은 것도 조금씩 쌓이면 나중에 태산처럼 크게 된다는 말

▶ **티끌 모아 태산**이라더니, 한 사람이 책 한 권씩을 가져오니 도서관을 차릴 만큼 쌓였다.

2. 다음 그림에 어울리는 속담을 써 보세요.

티	끌		ㅁ	ㅇ		ㅌ	ㅅ

적용하기

1. 반장 민철이는 교실 바닥에 떨어진 쓰레기를 주워서 버렸어요. 다음 중 '비행기를 태우다'의 의미에 맞게 민철이에게 말해 준 친구는 누구인지 쓰세요. (   )

예진 : 민철아, 넌 참 훌륭해. 반장으로서 배려하는 모습이 전교생에게 본보기가 되고 있어!

승찬 : 민철아, 쓰레기를 만졌으니 얼른 손부터 씻어.

2. 다음 그림과 관련 있는 관용어를 쓰세요.

비	ㅎ	ㄱ	ㄹ		ㅌ	ㅇ	다	.

3. 다음 글의 내용과 관련 있는 속담은 무엇인지 쓰세요.

흥부와 놀부 형제는 일찍 부모를 잃고 가난하게 살았다. 하지만 형제는 매일 부지런히 산에서 나무를 해다가 장터에 내다 팔았다. 또 남의 집 일을 해 주고 돈을 차곡차곡 모았다. 그렇게 삼 년을 꼬박 모으니 꽤 큰돈이 되어 마침내 커다란 집을 살 수 있었다.

확인학습

2주차 6일

빈칸에 들어갈 알맞은 단어를 〈보기〉에서 찾아 쓰세요.

보기 우물 비행기 귀 티끌 모아 태산

① 매일 아침마다 아파트 앞에서 시끄럽게 들리는 '과일 사세요'라는 소리에 (　　　　　　　)가 따가웠다.

② 나는 독서 감상문 대회에서 2등을 했다. 선생님은 미래에 노벨상을 탈 문학 소년이 나왔다며 (　　　　　　　)를 태우셨다. 많이 쑥스러웠다.

③ 엄마 아빠는 오래전부터 동전을 모아 온 커다란 돼지 저금통을 깼다. (　　　　　　　　　)이라더니 엄청난 양의 동전이 나왔다. 우리 가족은 그 돈을 여행 경비에 보태기로 했다.

스스로 평가 ☆☆☆☆☆

알아보기

관용어

배가 아프다

남이 잘 되어 심술이 나다.

놀부는 흥부가 부자가 되었다는 소식을 듣고 **배가 아파서** 자기도 제비 다리를 부러뜨렸다.

1. 다음 빈칸에 들어갈 단어로 알맞지 <u>않은</u> 것을 고르세요. (　　　　)

보기 '배가 아프다'는 남이 잘 되는 모습을 보고 (　　　　)하는 마음이 생겨 심술을 부리는 경우를 가리키는 말이에요.

① 질투　② 미워　③ 시샘　④ 축하　⑤ 시기

속담

감나무 밑에 누워 홍시 떨어지길 기다린다

노력하지 않고 좋은 결과를 바란다.

공부도 안 하고 시험을 잘 보길 바라다니, **감나무 밑에 누워 홍시 떨어지길 기다리는** 꼴이구나.

2. 다음 중 '감나무 밑에 누워 홍시 떨어지길 기다린다'와 같은 의미를 가진 속담에 동그라미 하세요.

· 손 안 대고 코 풀기　(　　　　)
· 천 리 길도 한 걸음부터　(　　　　)

적용하기

1. 다음 〈보기〉의 내용에 어울리는 관용어를 빈칸에 쓰세요.

보기

지혁이는 수학을 못하는 짝이 문제 푸는 법을 가르쳐 달라고 하자 시간을 내서 며칠을 도와주었다. 그런데 막상 자신의 도움으로 짝이 수학 시험에서 자기보다 훨씬 좋은 점수를 받으니, 지혁이는 자기도 모르게 얄미운 마음이 들었다.

✎

2. '배가 아프다'라는 관용어를 바르게 활용한 사람을 고르세요. (　　　　)

재영 : 민호랑 똑같은 그림을 그렸는데 선생님이 민호를 더 많이 칭찬해서 배가 아팠다.

민서 : 갑자기 아이스크림을 먹었더니 배가 아팠다.

수아 : 길을 가다가 튀어나온 나무 모서리에 부딪혀서 배가 아팠다.

3. '감나무 밑에 누워 홍시 떨어지길' 바라는 마음은 무엇인지 고르세요. (　　　　)

① 다른 사람의 것을 욕심 낸다.

② 자기가 가진 것에 만족하지 않고 불평한다.

③ 다른 사람을 시켜서 좋은 결과를 얻고자 한다.

④ 열심히 노력해서 좋은 결과를 얻고자 한다.

⑤ 힘들이지 않고 좋은 결과를 얻기를 바란다.

알아보기

관용어

귀가 얇다

남의 말을 쉽게 받아들인다.

나는 **귀가 얇아서** 친구가 어젯밤에 외계인을 보았다는 말을 곧이곧대로 믿었다.

1. 관용어를 적절히 활용한 사람은 누구인지 고르세요. (   )

승희 : 나는 귀가 얇아서 친구들의 비밀을 들어도 잘 지켜 줘.

지헌 : 나는 귀가 얇아서 다른 사람이 하는 말을 너무 잘 믿어.

속담

돌다리도 두드려 보고 건너라

확실한 일이라도 다시 한 번 확인하고 조심하라.

돌다리도 두드려 보고 건너라는 말처럼, 잘 아는 문제도 반드시 한 번 이상 검토해야 한다.

2. 다음 문장을 읽고 빈칸에 공통으로 들어가는 속담을 쓰세요.

· 참글아, (   )고 했어. 문제 다 풀었으면 틀린 게 없는지 다시 확인해 봐.
· 책가방 다 챙겼니? (   )는 말이 있잖아. 혹시 모르니까 가방을 챙긴 뒤에도 준비물 빠진 게 없는지 다시 확인해 봐.

적용하기

1. '심사숙고'는 '돌다리도 두드려 보고 건너라'와 같은 뜻을 가진 사자성어예요. 뜻을 생각하며 따라 써 보세요.

심사숙고 : 신중하게 생각하고 행동하라.

ㅅ	ㅅ	ㅅ	ㄱ				

2. 어울리는 말끼리 서로 연결하세요.

① 잠결에도 친구들의 소곤거리는 소리에 깼다. •　　　　• 귀가 얇다

② 군사들은 장군의 말을 놓치지 않고 열심히 들었다. •　　　　• 귀가 밝다

③ 내 동생은 사람들의 말을 너무 쉽게 믿는다. •　　　　• 귀를 기울이다

3. '돌다리도 두드려 보고 건너라'와 관련이 있는 단어를 고르세요. (　　　　)

① 신중하다　② 겸손하다　③ 친근하다

④ 경솔하다　⑤ 자만하다

1. 다음 글을 읽고 빈칸에 들어갈 알맞은 단어를 넣어 관용어나 속담을 완성하세요.

① 경진 : 피아노를 배운 지 한 달이 넘었는데도 잘 치는 곡이 없어.
내일 아침에 일어나면 저절로 능숙하게 칠 수 있으면 좋겠다.

윤성 : 그건 | ㄱ | ㄴ | ㅁ | 밑에 누워 홍시 떨어지길 기다리는 거야.

② "선생님 내일 출장 가신대. 어쩌면 우리 수업 안 할지도 몰라" 하고 친구가 말했다. 나는 친구 말을 믿고 숙제를 안 했다. 그런데 선생님은 출장을 가시지 않았고 나는 벌을 섰다. 친구에게 따졌더니 "너 정말 | ㄱ | ㄱ | | ㅇ | ㄷ | . 그렇다고 숙제를 안 해?"라고 했다.

③ 큰 사고는 항상 작은 방심에서 시작되는 거예요. 급할수록 더 신중히 생각해야겠죠. 옛 속담에 돌다리도 | ㄷ | ㄷ | ㄹ | | ㅂ | ㄱ | 건너라고 했으니까요.

스스로 평가 ☆ ☆ ☆ ☆ ☆

알아보기

2주차 8일

관용어

오지랖이 넓다

쓸데없이 지나치게 아무 일에나 참견하다.

▶ 창수는 **오지랖이 넓어서** 친구들이 무엇을 하는지 항상 궁금하다.

1. 〈보기〉를 읽고 빈칸에 들어갈 관용어를 쓰세요.

보기

우리 아빠는 운전을 하다가 도로에서 사고가 난 차를 보면 늘 차를 세우고 도와주신다. 이런 일이 있을 때마다 엄마는 아빠가 남의 일에 참견한다며 (   )고 말하신다.

속담

개밥에 도토리

따돌림을 받아서 무리에 끼지 못하는 사람을 이르는 말.

▶ 몇 주째 친구를 사귀지 못한 전학생은 **개밥에 도토리**와 같은 처지였다.

2. 다음 빈칸에 들어갈 알맞은 속담을 쓰세요.

보기

참글이네 반에 전학생이 왔다. 그 친구는 아이들이 먼저 말을 걸어도 대답을 잘 하지 않고, 말도 하지 않았다. 그렇게 며칠이 지나자 친구들은 전학생에게 무심해져서 그 친구는 혼자만 (   ) 같은 신세가 되었다.

적용하기

1. 다음 중 '오지랖이 넓은' 사람에 대해 바르게 말한 사람을 고르세요. (　　　　　　)

민아 : 입이 가벼운 친구야.

영재 : 남의 일에 전혀 관심이 없는 친구야.

경수 : 남의 일에 관심이 많은 사람이야.

2. '개밥에 도토리'를 의미에 맞게 활용한 사람을 고르세요. (　　　　　　)

병주 : 숙제를 하루에 몰아서 하다 포기하면 어떡해? '개밥에 도토리'라고 차근차근해 봐.

지호 : 경수는 아이들이 함께 놀려고 하지 않아. 늘 혼자야. '개밥에 도토리' 같아.

서영 : '개밥에 도토리'처럼 활발한 내 친구는 친구들에게 인기가 많아.

3. 다음 글을 읽고 '개밥에 도토리'와 같은 사람은 누구인지 쓰세요. (　　　　　　)

보기

지윤이는 짝꿍 한주가 현수네 집에 놀러 간다고 하자, 졸라서 따라갔다. 한주는 현수랑 둘이 게임도 하고 라면도 끓여 먹었다. 현수를 잘 모르는 지윤이는 둘 사이에 끼지 못하고 혼자 겉돌면서 따라온 것을 후회했다.

알아보기

2주차 8일

관용어

발 벗고 나서다

적극적으로 나서서 최선을 다하다.

▶ 장마로 인해 우리 반 친구 집이 물에 잠겼다. 우리는 모두 친구를 돕기 위해 **발 벗고 나섰다**.

1. 〈보기〉의 상황에 어울리는 관용어는 무엇인지 고르세요. (　　　　　)

보기 　갑자기 내린 비에 홍수가 나서 마을이 물에 잠겼다. 온 마을 사람들이 피해를 입은 사람들을 돕기 위해 한마음으로 앞장섰다.

① 발이 넓다　　② 손이 크다　　③ 발 벗고 나서다

④ 입이 무겁다　　⑤ 귀가 얇다

속담

수박 겉핥기

사물이나 사건의 속 내용은 모르고 겉만 건드리는 일을 비유적으로 이르는 말.

▶ 책을 그렇게 **수박 겉핥기** 식으로 읽으면 읽으나 마나야.

2. 다음 중 '수박 겉핥기'처럼 책을 읽은 친구는 누구인지 쓰세요.
(　　　　　　　)

진서 : 엄마가 생일 선물로 사 준 『노인과 바다』를 한 시간 만에 후딱 읽었어.

재윤 : 그 책은 내용이 어려워서 꼼꼼하게 읽어야 해. 나는 다 읽는 데 사흘이나 걸렸어.

적용하기

1. 다음 중 '발 벗고 나서다'를 바르게 활용한 사람은 누구인지 고르세요. (   )

진수 : 물이 떨어져서 교실 바닥이 젖었으니 집에 가려면 발 벗고 나서야 해.

민호 : 우리 반에 문제가 생길 때마다 선생님은 직접 발 벗고 나서서 해결하셨다.

2. 다음 중 '수박 겉핥기'와 반대되는 뜻은 무엇인지 고르세요. (   )

① 대강하다 ② 대충하다 ③ 설렁설렁하다 ④ 꼼꼼하다 ⑤ 허술하다

3. 다음 중 맞게 쓴 것에 동그라미 하세요.

①	개밥	게밥	에 도토리
②	발 벋고	발 벗고	나서다.

확인학습

2주차 8일

1. 〈보기〉에서 알맞은 단어를 골라 문장을 완성하세요.

보기 발 벗고 수박 오지랖 개밥 돌다리

① 친구가 내 어려움을 돕기 위해 (　　　　　　　) 나서다.

② 무엇이든 대충대충 하는 것을 (　　　　　　) 겉핥기라고 해.

③ 우리 반 반장은 다른 애들 일에 너무 관심이 많아서 "쟤는 (　　　　　　　)이 넓어"라는 말을 듣는다.

④ 수민이는 어제 전학을 와서 혼자 밥을 먹는다. 마치 '(　　　　　　)에 도토리' 같다. 내가 먼저 가서 말을 걸어 봐야겠다.

스스로 평가 ☆ ☆ ☆ ☆ ☆

알아보기

관용어

목이 빠지게 기다리다

몹시 기다리다.

▶ 나는 한 시간이나 **목이 빠지게** 친구를 기다렸다.

1. 관용어를 바르게 활용하여 말한 친구는 누구인지 쓰세요. (　　　　　)

수아 : 동생 때문에 너무 화가 나서 소리 지르다가 목이 빠질 뻔했어.

미정 : 주말에 엄마 아빠랑 캠핑 간대. 나는 그날만 목이 빠지게 기다리고 있어.

속담

고양이 목에 방울 달기

겉으로는 훌륭해 보이지만 실제로는 실행하기 어려운 일 또는 상황을 가리키는 말

▶ 축구를 하다가 앞집 유리창을 깼다. 누가 가서 죄송하다고 말할래? 그건 **고양이 목에 방울 달기**야.

2. 다음 〈보기〉의 빈칸에 들어갈 속담을 쓰세요.

보기

의원 : 용왕님의 병을 낫게 할 약은 이 바다에는 없습니다. 다만 육지에 사는 토끼의 간을 먹으면 씻은 듯이 나을 것입니다.

자라 : 이건 (　　　　　　) 아니오? 우리 바다 생물들은 육지로 나가면 곧 죽고 말아요. 그런데 어떻게 토끼의 간을 구해 온단 말이오?

적용하기

1. 다음은 '목이 빠지다'와 같은 의미의 관용어예요. 읽으며 따라 써 보세요.

	눈	이		빠	지	게		기	다	리	다	.

2. 다음 중 '목이 빠지게 기다리다'를 쓸 수 있는 상황을 고르세요. (   )

① 공부를 하나도 안 했는데 시험 날짜가 다가올 때
② 숙제를 다 안 했는데 검사받을 순서가 다가올 때
③ 시험을 잘 보면 선물을 받기로 부모님과 약속하고 점수를 기다릴 때
④ 친구와 위험한 장난을 하다가 목을 다칠 뻔했을 때
⑤ 친구와 시간을 정해 만나기로 했는데 둘 다 시간에 맞춰 도착했을 때

3. 다음 중 '고양이 목에 방울 달기'와 같은 일 또는 상황에 해당되는 것을 고르세요. (   )

① 나라에서 국민을 위한 정책을 만들기 위해 예산을 늘리는 일
② 학교에서 전교생을 대상으로 불우 이웃을 돕기 위한 성금을 모으는 일
③ 부모님께 용돈을 올려 달라고 형제가 입을 모아 말할 때
④ 여럿이 축구를 하다가 강물에 공이 빠졌는데 아무도 수영을 못하면서 서로 공을 가져오라고 미루는 경우
⑤ 길고양이에게 먹이를 주고 예쁜 목걸이를 달아 주는 일

관용어

마음을 먹다

무엇을 하겠다고 결심하다

▶ 이번에는 태권도 검은 띠를 꼭 따기로 단단히 **마음먹었다.**

1. 관용어를 의미에 맞게 말한 사람은 누구인지 고르세요. ( )

참글이 : 이번 방학에는 동화책 50권을 꼭 읽기로 마음먹었어.

쑥쑥이 : 새학기 첫날, 잘생긴 짝을 보고 좋아하는 마음을 먹었어.

속담

백지장도 맞들면 낫다

아무리 쉬운 일도 혼자보다 여럿이 힘을 합치면 훨씬 쉽고 빠르게 할 수 있다는 말

▶ **백지장도 맞들면 낫다**고, 시골 할머니 댁에서 여럿이 고구마를 캐니까 훨씬 쉬웠다.

2. 다음 중 '백지장도 맞들면 낫다'에 해당되는 경우는 무엇인지 고르세요. ( )

① 엄마가 맛있는 불고기를 만들었다. 엄마 혼자 드시기 힘들 것 같아 내가 같이 먹었다.

② 엄마가 쓰레기를 버리러 갈 때 내가 무거운 종이 상자를 함께 들고 나갔다. 엄마가 훨씬 덜 힘들다고 했다.

③ 우리 모둠이 반 청소를 할 차례가 됐는데 친구들 모두 핑계를 대면서 집에 가 버렸다.

④ 우리나라와 북한은 서로 잘못이 없다고 말하면서 상대방을 비난했다.

⑤ 친구들이 전학 온 진이를 놀리길래 나도 거들었다.

적용하기

1. '마음을 먹다'와 같은 뜻을 가진 말을 〈보기〉에서 골라 쓰세요. (정답 2개)

보기 결심하다 마음이 상하다 마음이 통하다 다짐하다 마음을 돌리다

2. 관련 있는 내용끼리 연결하세요.

① 백지장 •	• 힘을 합치면
② 맞들면 •	• 쉽고 작은 일
③ 낫다 •	• 힘이 덜 든다.

3. '백지장도 맞들면 낫다'는 말처럼 여럿이 힘을 합치면 더 쉽게 할 수 있는 일은 무엇인지 고르세요. (   )

① 도서관에서 여럿이 책을 읽는 일

② 무거운 상자를 옮기는 일

③ 편식하지 않고 밥을 먹는 일

④ 친구의 생일 선물을 고르는 일

⑤ 좋아하는 노래를 부르는 일

확인학습

1. 다음 속담 또는 관용어의 뜻에 맞게 연결해 보세요.

① 무엇을 하겠다고 생각하다. • • 백지장도 맞들면 낫다

② 아무리 쉬운 일이라도 혼자 하는 것보다 협력하여 하는 것이 훨씬 낫다. • • 마음을 먹다

2. 빈칸에 알맞은 단어를 쓰세요.

	이	모	네		집	에		간	
엄	마	를		목	이				
기	다	렸	다	.					

스스로 평가 ☆ ☆ ☆ ☆ ☆

알아보기

2주차 10일

관용어

깨가 쏟아지다

두 명 이상 되는 사람의 사이가 몹시 아기자기하고 재미나다.

▶ 우리집 4남매는 누구보다 사이가 좋아서 모이기만 하면 **깨가 쏟아지게** 즐겁다.

1. '깨가 쏟아지다'의 뜻을 바르게 말한 사람은 누구인지 쓰세요. (   )

민호 : 경하랑 수호는 뭐가 그렇게 좋은지 하루 종일 깨가 쏟아지게 재미있게 소곤거린다니까?

지영 : 오빠랑 나는 만나기만 하면 깨가 쏟아지게 다투게 돼.

속담

등잔 밑이 어둡다

가까이 있는 것이 도리어 알기 어렵다.

▶ 잃어버린 줄 알았던 내 핸드폰이 침대 밑에 떨어져 있었네. 정말 **등잔 밑이 어둡다**!

2. 〈보기〉를 읽고 다음 빈칸에 들어갈 알맞은 속담을 쓰세요.

보기

엄마 : 옆집 으뜸이는 이번 시험에서 전 과목 100점을 맞았다고 하더라. 엄마는 언제 한번 그런 선물을 받아 보려나?

참글이 : (   )더니, 엄마를 위해 설거지도 하고 안마도 해 드리려고 마음먹은 이런 효자를 눈앞에 두고 그런 말을 하시다니요!

적용하기

1. ‘깨가 쏟아지다’를 다르게 말한다면 뭐라고 할 수 있을지 고르세요. (   )

① 둘 사이가 무척 재미있다. ② 둘 사이가 무척 편안하다.

③ 둘 사이가 원수 같다. ④ 둘 사이가 오래됐다. ⑤ 둘 사이가 무척 지루하다.

2. 관련 있는 내용끼리 연결하세요.

① 친구들과 놀다 보니 시간 가는 줄 모르고 너무 재밌었다. ●	● 깨가 쏟아지다.
② 아무리 찾아도 안 보이던 책이 책상 위에 있었네. ●	● 등잔 밑이 어둡다.

3. 아래 상황에 맞는 속담을 쓰세요.

할머니는 바느질을 하시다가 바늘을 옷 소매에 꽂아 놓고 한참을 찾았다. 그러더니 “민호야, 할머니 바늘 좀 찾아 줘” 하셨다.

알아보기

2주차 10일

관용어

밥 먹듯 하다

어떤 일이나 행동을 예사로 자주 하다

▶ 민호는 학교에서 돌아오기만 하면 아파트 놀이터에서 축구하기를 **밥 먹듯 했다.**

1. 관용어를 적절하게 활용한 사람은 누구인지 고르세요. (　　　　　　　　　　)

미정 : 친구의 밥을 또 뺏어 먹다가 욕을 먹었다.

영선 : 그 아이는 거짓말을 밥 먹듯 하더라.

윤수 : 건강을 위해 밥은 항상 배부르게 먹어야 해.

속담

가는 날이 장날이다

우연한 일이 겹쳐서 예상하지 않은 일이 발생하다.

▶ **'가는 날이 장날'**이라고 친구 집에 놀러갔는데 마침 친구 어머니의 생신이라 맛있는 음식을 많이 먹었다.

2. 다음을 읽고 빈칸에 들어갈 속담을 완성해 보세요.

우리 동네에 TV에 나온 유명한 식당이 생겼다는 말을 듣고, 온 가족이 주말 아침 일찍 일어나 기대하며 찾아갔다.

그런데 | 가 | 는 | | | | | | | 이라고

그날만 식당이 문을 닫았다.

적용하기

1. 빈칸에 공통으로 들어갈 말로 알맞은 것을 쓰세요.

· 거짓말을 (   ) 하더니 친구들과 사이가 멀어졌다.

· 매일 도서관을 (   ) 드나들었더니 선생님들이 내 얼굴을 외우셨다.

2. 빈칸에 들어갈 속담의 뜻을 생각하며 따라 쓰세요.

① 엄마와 우리 동네 책방에 갔는데 마침

가	는		날	이		장	날

이라고 좋아하는 작가가 사인회를 하고 있었다.

② 오늘 학교 체육관에서 친구들과 캠핑하기로 했는데

가	는		날	이		장	날

이라고 감기에 걸려서 가지 못했다.

확인학습

2주차 10일

1. 다음을 읽고 관련 있는 내용끼리 서로 연결하세요.

① 깨가 쏟아지다. •	• 사물을 가까이 두고도 모른다.
② 등잔 밑이 어둡다. •	• 밥을 먹는 것처럼 어떤 일을 자주 하다.
③ 밥 먹듯 하다. •	• 하필 내가 가는 날 가게가 문을 닫았어.
④ 가는 날이 장날 •	• 둘 사이가 좋아서 무척이나 아기자기하고 재미있다.

2. 빈칸을 채워서 문장을 완성하세요.

① 깨가 ☐☐☐☐☐

② ☐☐ 밑이 어둡다.

③ 가는 날이 ☐☐

스스로 평가 ☆☆☆☆☆

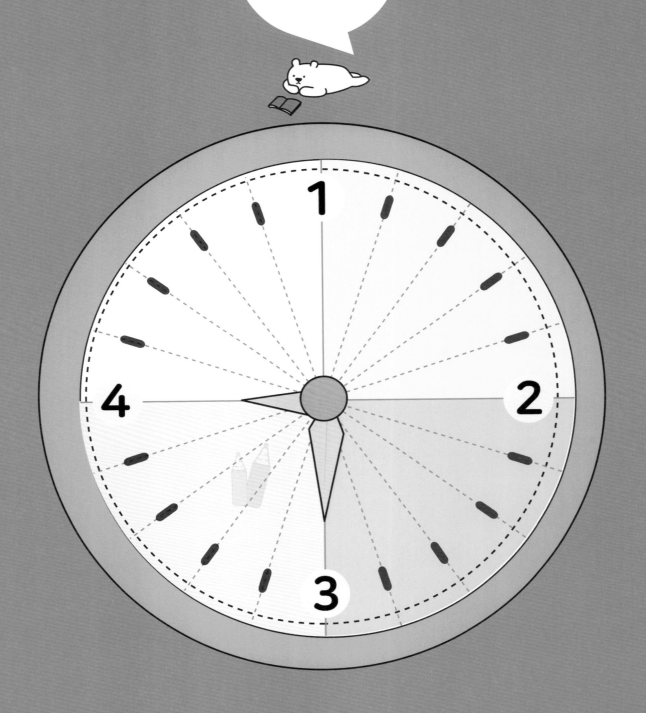

20일에 완성하는
우리말 바로쓰기 대작전

3주차
11일~15일

3주차

주간학습 계획

횟수	공부한 날	구분	내용
11일	( )월 ( )일	관용어	시치미를 떼다
		속담	세 살 버릇 여든까지 간다
			적용하기
		관용어	눈 깜짝할 사이
		속담	호랑이도 제 말 하면 온다
			적용하기 + 확인학습
12일	( )월 ( )일	관용어	가슴에 새기다
		속담	시작이 반이다
			적용하기
		관용어	눈 딱 감다
		속담	목마른 사람이 우물 판다
			적용하기 + 확인학습
13일	( )월 ( )일	관용어	찬물을 끼얹다
		속담	말 한 마디에 천 냥 빚을 갚는다
			적용하기
		관용어	눈에 선하다
		속담	남의 떡이 더 커 보인다
			적용하기 + 확인학습
14일	( )월 ( )일	관용어	발 디딜 틈이 없다.
		속담	매도 먼저 맞는 놈이 낫다
			적용하기
		관용어	걸음을 떼다
		속담	도토리 키 재기
			적용하기 + 확인학습
15일	( )월 ( )일	관용어	콧대가 높다
		속담	방귀 뀐 놈이 성낸다
			적용하기
		관용어	간이 콩알만 해지다
		속담	병 주고 약 준다
			적용하기 + 확인학습

관용어

시치미를 떼다

자기가 하고도 하지 않은 척하거나 알고 있으면서도 모르는 체하다.

▶ **시치미 떼지 말고** 얼른 사실대로 이야기하렴.

1. 다음 중 관용어의 뜻에 맞게 활용한 사람을 고르세요. (　　　　　　)

경수 : 친구에게 선물을 주고 나서 시치미를 떼려고 "그 선물 엄청 비싼 거야!"라고 큰 소리로 자랑했다.

민호 : 수업 시간에 뒤에서 친구랑 소곤거리다가 선생님에게 들키자 시치미를 떼고 안 그런 척했다.

속담

세 살 버릇 여든까지 간다

어릴 때 몸에 밴 습관은 늙어서도 쉽게 고쳐지지 않는다.

▶ **세 살 버릇 여든까지 간다**더니, 내 동생은 아기 때부터 지금까지 잠잘 때 생긋생긋 웃는다.

2. 나이가 들기 전에 반드시 고쳐야 할 나쁜 버릇 두 개를 고르세요. (　　　,　　　)

① 남과 비교하기　② 편식하지 않고 먹기　③ 다른 사람 칭찬하기

④ 남 흉보기　⑤ 할 일 미루지 않기

1. '시치미를 떼다'와 어울리는 문장은 무엇인지 고르세요. (　　　　　)

① 집에서 게임을 하다가 동생이 와서 사이좋게 같이 했다.

② 수업 시간에 영호가 장난으로 내 공책을 감추고 모른 척했다.

③ 급식 시간에 친구에게 놀림받지 않으려고 억지로 시금치를 먹었다.

④ 1년 동안 몰래 용돈을 모아서 사고 싶던 태블릿 PC를 샀다.

⑤ 새로 산 옷을 자랑하려고 친구에게 "이 옷 비싼 거야" 하고 말했다.

2. 다음 글을 읽고 '시치미를 떼는' 사람의 이름을 쓰세요. (　　　　　)

민이 : 영호야, 지난번에 빌려 간 책 좀 돌려줘. 나도 읽고 감상문 쓰기 과제 해야 돼.

영호 : 너한테 책 빌린 적 없는데?

민이 : 지난 수요일에 네가 나한테 『홍길동전』 빌려 갔잖아.

영호 : 난 그런 책 모르는데?

3. 바르게 쓴 것에 동그라미 하세요.

새 살	세 살	버릇 여든까지 간다.

시치미를	떼다	때다

티끌 모아	태산	테산

관용어

눈 깜짝할 사이

매우 짧은 시간

▶ 더운 날, 놀이터에서 친구랑 노느라 아이스크림을 잠깐 벤치에 뒀더니 **눈 깜짝할 사이**에 아이스크림이 사라졌다.

1. 관용어를 바르게 사용한 사람을 고르세요. (　　　　　　　　　)

동주 : 오늘 급식이 너무 맛있어서 눈 깜짝할 사이에 다 먹었어.

태희 : 해결해야 할 일이 너무 많은데 '눈 깜짝할 사이' 동안 고민해 봐야겠어.

속담

호랑이도 제 말 하면 온다

다른 사람에 관한 이야기를 하는데 공교롭게 그 사람이 나타나는 경우를 이르는 말

▶ 친구들과 지연이 얘기를 하며 떡볶이를 먹고 있는데 **호랑이도 제 말 하면 온다**고 마침 지연이가 왔다.

2. 빈칸에 들어갈 알맞은 말을 쓰세요.

① 내 생일 파티에서 민호가 "영훈이는 맨날 늦어"라고 험담을 하고 있는데

ㅎ	ㄹ	ㅇ

도 제 말 하면 온다고 때마침 영훈이가 들어왔다.

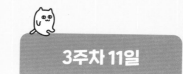

1. 밑줄 친 말의 뜻으로 알맞은 것을 고르세요. (　　　　　)

학교에서 급식을 안 먹었더니 배가 고파서 집에 와서 <u>눈 깜짝할 사이에</u> 밥 한 그릇을 뚝딱 먹어 버렸다.

① 식사 시간 동안

② 아무도 모르게

③ 아주 천천히

④ 아주 짧은 시간에

⑤ 눈에 안 보이게

2. 다음 빈칸에 들어갈 알맞은 속담을 쓰세요.

내 친구는 귀가 밝아서 화장실에 갔다가도 교실에서 친구들이 자기 얘기를 할 때마다 귀신같이 나타난다. 그럴 때마다 (　　　　　　　　　　　　　　　　)는 속담이 생각난다.

확인학습

1. 다음 문장에 어울리는 관용어 또는 속담을 〈보기〉에서 골라 빈칸에 쓰세요.

보기

눈 깜짝할 사이	세 살 버릇 여든까지 간다
시치미를 떼다	호랑이도 제 말 하면 온다

① 엄마 생일에 가족들과 밥을 먹으면서 이모 이야기를 하고 있는데 이모가 딱 나타났다.

( )

② 어릴 때 배운 나쁜 습관은 나이가 들어도 쉽게 고치지 못한다.

( )

③ 어떤 일을 하고도 안 한 척한다.

( )

④ 내가 타 보고 싶은 스포츠카가 순식간에 내 앞을 지나가 버렸다.

( )

스스로 평가 ☆ ☆ ☆ ☆ ☆

알아보기

3주차 12일

관용어

가슴에 새기다

잊지 않도록 마음에 기억하다.

▶ 선생님께서 하신 말씀을 잊지 않고 **가슴에 새겨** 둘 거다.

1. 다음 밑줄 친 말의 뜻으로 알맞은 것을 고르세요. (   )

가슴에 <u>새기다.</u>

① 조각하다　② 기억하다　③ 그리다　④ 사귀다　⑤ 잊다

속담

시작이 반이다

무슨 일이든지 일단 시작하면 어렵지 않다.

▶ **시작이 반**이라는데 하기 싫어도 방 청소를 일단 시작하자.

2. 빈칸에 들어갈 알맞은 단어를 쓰세요. (   )

준수 : 학교 숙제로 그림을 그리는데 내가 생각한 대로 잘 되지 않아.

준아 : (   )이 반이야. 이왕 시작했으니까 끝까지 해 봐. 잘 될 거야.

적용하기

1. 다음 문장의 빈칸에 공통으로 들어갈 말을 쓰세요. (   )

'시작이 반이다'는 [|] 하기가 어렵지 일단 [|] 하면 일을 끝마치기 어렵지 않다는 의미예요.

2. 다음 〈보기〉의 빈칸에 공통으로 들어갈 말을 쓰세요. (3음절)

보기

① 가슴에 (   ) 하는 말
② 가슴에 (   ) 하는 시
③ 가슴에 (   ) 하는 교훈

(   )

3. 빈칸에 들어갈 알맞은 말을 쓰세요.

콩쥐는 새엄마가 시키고 간 산더미 같은 일을 바라보며 '이 일을 언제 다 하지?' 하며 한숨을 쉬었다. 그때 두꺼비가 나타나

ㅅ	ㅈ	ㅇ		ㅂ	ㅇ	ㅇ	.

하며 함께 해 보자고 했다.

4. 다음 〈보기〉의 빈칸에 들어갈 알맞은 말을 쓰세요.

수학을 싫어하는 나는 방학 동안 수학 학원을 끊어 놓고도 겁이 나서 하루하루 미루기만 했다. 이런 내게 친구는

ㅅ	ㅈ	ㅇ		ㅂ

이라는데, 빨리 시작해 보라고 격려해 주었다.

알아보기

3주차 12일

관용어

눈 딱 감다

① 더 이상 다른 것을 생각하지 않다.

② 다른 사람의 잘못을 보고도 못 본 척하다.

▶ 엄마가 한약을 주셨다. 몹시 쓰지만 몸에 좋다고 해서 **눈 딱 감고** 먹었다.

1. 다음 중 '눈 딱 감다'의 뜻으로 알맞은 것을 고르세요. (　　　　　)

① 눈 앞에 보이듯 생생하다. ② 다른 생각하지 않고 해 보다. ③ 못 본 척하다.

④ 억지로 참다. ⑤ 깊이 생각하다.

속담

목마른 사람이 우물 판다

더 급하고 필요한 사람이 서둘러서 그 일을 한다는 뜻

▶ 축구를 하고 나서 물이 먹고 싶었다. 하지만 아무도 가져오지 않아 **목마른 사람이 우물을 판다고** 내가 가지러 갔다.

2. 다음 〈보기〉에 어울리는 속담을 쓰세요.

보기

경수는 숙제를 하지 못해서 민아에게 숙제 노트를 빌려 달라고 했다. 하지만 민아는 싫다고 했다. 경수는 화가 났지만 선생님이 오시기 전에 어떻게든 스스로 숙제를 해야 했기 때문에 알림장과 교과서를 펼치고 시계를 보면서 자세를 고쳐 앉았다.

적용하기

1. 다음은 '눈'과 관련된 관용어들이에요. 어울리는 말끼리 연결하세요.

① 눈에 불을 켜다. ●

② 눈을 붙이다. ●

③ 눈에 넣어도 안 아프다. ●

④ 눈 딱 감다. ●

● 할머니는 나만 보면 '눈에 넣어도 안 아픈 우리 강아지'라고 한다.

● 피곤해서 쉬는 시간에 잠시 눈을 붙였다.

● 언니는 늘 내가 새로 산 물건을 귀신같이 알아보고 탐을 낸다.

● 친구의 잘못을 한 번만 눈감아 달라고 했다.

2. '목마른 사람이 우물 판다' 에서 '우물 판다'와 같은 뜻은 무엇인지 고르세요. (　　　　)

① 스스로 문제를 해결할 방법을 찾는다.

② 다른 사람이 내 문제를 해결해 주기를 바란다.

③ 누군가 도와주지 않으면 아무것도 하지 못한다.

④ 어려운 일을 피하다.

⑤ 손 놓고 하던 일을 포기한다.

3. 〈보기〉의 내용과 관련된 관용어를 쓰세요.

보기

① 연우는 수영이 무섭지만 일단 물에 들어가 보기로 했다.

② 매운 것을 잘 못 먹는 민수는 떡볶이가 매워서 겁이 났지만, 일단 용기를 내서 한 개 먹어 보니까 그다음부터 괜찮았다.

✏️

확인학습

3주차 12일

다음 문장을 읽고 빈칸에 들어갈 알맞은 말을 〈보기〉에서 골라 쓰세요.

보기 가슴에 새기고 시작이 반 눈 딱 감고

① 야채를 편식하는 습관을 고치려면 ( ) 오늘은 급식에 나온 버섯을 꼭 먹어야 돼!

② 선생님이 오늘 하신 말씀을 ( ) 성실하게 생활해야겠어.

③ ( )이라고 오늘부터 당장 다이어트를 위해 매일 운동을 시작하겠어!

스스로 평가 ☆ ☆ ☆ ☆ ☆

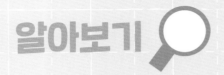

관용어

찬물을 끼얹다

잘 되어 가고 있는 일에 뛰어들어 분위기를 흐리게 하다.

일이 다 되어 가고 있는데 그가 나타나 **찬물을 끼얹었다.**

1. '찬물을 끼얹다'라는 관용어의 뜻을 바르게 말한 사람은 누구인지 쓰세요. (　　　　　　)

민이 : 일이 잘 되도록 누군가를 도와주는 것을 뜻해.

영우 : 잘 되고 있는 일을 누군가 중간에 끼어들어 망치는 것을 말해.

현수 : 형편이 어려워서 몹시 춥고 배가 고프다는 뜻이야.

속담

말 한마디에 천 냥 빚을 갚는다

말을 잘하면 어려운 일도 해결할 수 있다.

친구가 내 책을 빌려가서 잃어버렸다고 했다.
말 한마디에 천 냥 빚 갚는다더니, 친구가 "정말 미안해" 하고 진심으로 사과하자 괜찮다고 했다.

2. '말 한마디에 천 냥 빚을 갚는다'에 담긴 뜻을 고르세요. (　　　　　)

① 말을 잘 못하면 성공할 수 없다는 뜻
② 기분이 나쁘면 굳이 상대방의 마음을 헤아릴 필요 없다는 말
③ 형편에 따라 말을 다르게 하면 된다는 뜻
④ 남에게 돈을 빌리려면 말을 잘 해야 한다는 뜻
⑤ 말을 잘하면 어려운 일이나 불가능해 보이는 일도 해결할 수 있다는 말

적용하기

3주차 13일

1. 다음 대화를 읽고 '찬물을 끼얹는' 행동을 한 사람은 누구인지 쓰세요.
( )

선생님 : 얘들아, 그동안 공부하느라 고생했다. 선생님이 짜장면 사 줄게.

선재 : 야, 맛있겠다! 신난다!

현수 : 엄마가 오늘은 빨리 오라고 해서 지금 집에 가야 돼요. 선생님, 다음에 사 주세요.

선생님 : 아쉽지만 그럴까, 그럼?

2. 다음 중 '말 한마디에 천 냥 빚을 갚는다'의 뜻과 어울리는 말은 무엇인지 고르세요. ( )

① 너는 왜 그것도 모르니?
② 나 오늘 기분 별로니까 건드리지 마.
③ 말을 예쁘게 하니까 뭐 하나라도 더 주고 싶구나.
④ 똑같은 말이라도 네가 놀리듯이 말해서 기분 나빠.
⑤ 어른을 만나도 반말로 말하니까 예의가 없어 보인다.

3. 빈칸에 공통으로 들어갈 말로 알맞은 것을 〈보기〉에서 찾아 쓰세요.
( )

보기	돈	말	글

'말 한마디에 천 냥 빚을 갚는다'는 속담은 ( )의 힘과 중요성을 강조하는 표현입니다. 한마디의 ( )로도 큰 문제를 해결할 수 있다는 말이지요.

알아보기

관용어

눈에 선하다

잊히지 않고 눈 앞에 보이는 듯 기억에 생생하다.

▶ 이모 댁에서 본 귀여운 강아지가 아직 **눈에 선하다.**

1. 어울리는 말끼리 연결하세요.

① 어제 본 영화 속 주인공이 멋있어서 ● · ● 눈에 익다.

② 전에도 여러 번 가 본 곳이라서 ●

③ 열심히 노력해서 꿈을 이룬 미래의 내 모습이 ● · ● 눈에 선하다.

속담

남의 떡이 더 커 보인다

남의 것이 내 것보다 더 좋아 보인다.

▶ **남의 떡이 더 커 보이는** 건지, 어린이날 형과 똑같은 장난감을 선물받았는데 왠지 형 것이 더 좋아 보인다.

2. 속담을 바르게 활용한 사람은 누구인지 고르세요. (   )

대훈 : '남의 떡이 더 커 보인다'고 네 가방이 내 것보다 더 좋은 것 같아.

선재 : 네 거나 내 거나 똑같아. 그래도 남의 가방이 더 커 보이면 네 시력이 나쁜 거야.

적용하기

1. '눈에 선하다'는 관용어에 담긴 뜻으로 알맞은 것을 고르세요. (　　　)

① 두드러지게 눈에 띄다.

② 잊히지 않고 눈 앞에 보이는 듯 기억에 생생하다.

③ 잊어버려서 기억나지 않는다.

④ 눈이 어둡고 아프다.

⑤ 빛 때문에 눈이 부시다.

2. 다음 문장을 읽고 빈칸에 공통으로 들어갈 관용어를 쓰세요.

① 이모네 아기가 귀엽게 웃던 모습이 [ ][ ][ ][ ][ ][ ][ ]

② 나를 예뻐하시던 돌아가신 우리 할머니 모습이 [ ][ ][ ][ ][ ][ ][ ]

3. '남의 떡이 더 커 보인다'의 뜻으로 알맞지 않은 것을 고르세요. (　　　)

① 남의 것이 욕심 난다.

② 남의 것이 부럽다.

③ 남의 것을 보니 배가 아프다.

④ 남의 것이 값이 떨어지다.

⑤ 남의 것이 탐나다.

4. 다음 내용에 알맞은 속담을 쓰세요.

일요일에 가족들과 놀이공원에 갔다. 그곳에서 청설모를 보았다. 조그만 몸으로 나무를 빠르게 올라가는 모습이 귀엽고 신기했다. 집에 왔는데도 청설모가 자꾸 생각난다. 꼭 한 번 키워 보고 싶다.

확인학습

1. 다음 상황에 알맞은 관용어나 속담을 〈보기〉에서 찾아 쓰세요.

보기

찬물을 끼얹다.	말 한마디에 천 냥 빚을 갚는다.
눈에 선하다.	남의 떡이 더 커 보인다.

① 모둠 활동을 하는데 민수가 자기 할 일을 안 하고 늦게 와서 잘 되어 가고 있는 일을 망치고 말았다.

( )

② 오늘 급식 시간에 은호가 밥을 먹다가 움직이면서 내 옷에 떡볶이 국물이 튀었다. 화가 났지만 민호가 진심으로 "미안해"라고 말해서 나도 괜찮다고 했다.

( )

③ 아까 식당에서 본 어항 속의 물고기가 얼마나 예쁜지 자꾸 생각이 난다.

( )

스스로 평가 ☆ ☆ ☆ ☆ ☆

알아보기

3주차 14일

관용어

발 디딜 틈이 없다

사람이나 물건이 너무 많아서 혼잡스럽다.

▶ 새로 생긴 놀이공원은 사람들로 **발 디딜 틈** 없이 붐빈다.

1. 다음 중 '발 디딜 틈이 없다'를 말할 수 있는 상황을 모두 고르세요
(,)

① 비가 많이 오면 물 웅덩이 때문에 발 디딜 틈이 없어 조심해야 한다.

② 놀다가 발을 다쳐서 제대로 걷지 못해 발 디딜 틈이 없다.

③ 어린이날 백화점에 갔는데 사람이 너무 많아서 발 디딜 틈도 없었어.

④ 엄마가 요새 청소할 시간도 없으셔서 우리집이 발 디딜 틈도 없이 지저분해.

⑤ 작년에 새로 산 신발이 작아져서 발 디딜 틈이 없다.

속담

매도 먼저 맞는 놈이 낫다

이왕 해야 할 일이라면 먼저 하는 게 낫다.

▶ 발표 시간이 되면 떨리지만 **매도 먼저 맞는 게 낫다**고 먼저 발표를 해야겠어.

2. 다음 중 '매도 먼저 맞는 놈이 낫다'의 뜻에 맞게 말한 사람은 누구인지 고르세요. ( )

진호 : 오늘 학원을 빼먹었는데 엄마가 알면 혼나겠지? 좀 더 놀다가 집에 늦게 가자.

윤재 : 아냐, 집에 들어가서 우리가 먼저 잘못했다고 하고 빌자.

적용하기

1. 다음은 '발'이 들어간 관용어들이에요. 빈칸에 들어갈 말로 알맞은 것끼리 연결하세요.

① 발이 넓다. ●	● 그는 자신이 옳다고 생각하는 일에 항상 (　　　　　　).
② 발 벗고 나선다. ●	● 방이 너무 지저분해서 (　　　　　　).
③ 발 디딜 틈이 없다. ●	● 그 사람은 여기저기 아는 사람이 많은 걸 보니 (　　　　　　).

2. 다음 빈칸에 들어갈 관용어로 알맞은 것을 〈보기〉에서 찾아 쓰세요.

보기 발 디딜 틈이 없다　　걸음을 떼다　　눈에 선하다

내가 좋아하는 아이돌 가수는 인기가 많아서 공연에도 항상 사람이 많다. 그래서 조금만 늦게 도착해도 (　　　　　　　　　　　　).

알아보기

3주차 14일

관용어

걸음을 떼다

① 걷기 시작하다.

② 준비해 오던 일을 처음으로 하기 시작하다.

▶ 아버지가 오랫동안 준비해 오셨던 사업에 드디어 첫 **걸음을 떼셨다**.

1. 관용어를 알맞게 활용하지 못한 사람은 누구인지 고르세요. (   )

연아 : 이모네 아기가 오늘 처음으로 걸음을 뗐어.

민서 : 오랫동안 준비한 유튜브 첫 영상을 올렸어. 이제 막 걸음을 뗀 거지.

소희 : 걸음을 빨리빨리 떼야 학교에 지각하지 않아.

속담

도토리 키 재기

정도가 고만고만한 사람끼리 서로 다툼을 이르는 말

▶ 쌍둥이끼리 서로 누가 더 큰지 **도토리 키 재기**를 하고 있다.

1. 다음을 읽고 빈칸에 들어갈 속담으로 알맞은 것을 〈보기〉에서 골라 동그라미 하세요.

어제 치른 수학 시험 10문제 중 9개를 틀린 친구와 8개 틀린 친구가 서로 자기가 더 잘했다며 잘난 척을 했다. 그 아이들을 본 선생님은 (   ) 라고 하시며 다들 겸손해지라고 혼을 내셨다.

보기

말 한마디에 천 냥 빚을 갚는다　　남의 떡이 더 커 보인다

도토리 키 재기

적용하기

1. 속담 또는 관용어의 의미에 어울리는 상황을 바르게 연결해 보세요.

① 걸음을 떼다. ●

② 매도 먼저 맞는 놈이 낫다. ●

③ 발 디딜 틈이 없다. ●

● 선생님께서 "누가 먼저 발표할까?" 하셔서 떨렸지만 내가 먼저 발표를 했다.

● 나는 떨리는 마음으로 오늘 처음 태권도를 배우러 갔다.

● 극장에 갔는데 사람이 너무 많아서 입장하는 데 한참이 걸렸다.

2. 다음 속담의 뜻을 생각하면서 따라 쓰세요.

도	토	리		키		재	기

걸	음	을		떼	다

확인학습

1. 다음 빈칸에 알맞은 말을 써서 문장을 완성해 보세요.

① 마트에 갔는데 사람이 너무 많아서 발 디딜 (   ).

② 아기가 처음 (   )을 떼는 것처럼 드디어 그동안 미루던 운동을 시작하셨군요.

③ 매도 먼저 (   )고 하니 제가 먼저 발표하겠습니다.

2. 다음 중 속담을 바르게 활용한 사람은 누구인지 고르세요. (   )

수아 : 엄마, 아빠는 나이가 같으니 무엇이든지 서로 '도토리 키 재기'야.

재이 : '매도 먼저 맞는 놈이 낫다'고, 뭐든 미루지 말고 미리미리 일을 마치면 나중에 편해.

시우 : 정전이 되니 주위가 캄캄해서 사물이 눈에 선하네.

스스로 평가 ☆ ☆ ☆ ☆ ☆

관용어

콧대가 높다

사람이 잘난 체하고 뽐내는 태도가 있다.

▶ 내 짝은 어찌나 **콧대가 높은지** 얄미울 정도야.

1. 관용어를 바르게 활용한 사람은 누구인지 고르세요. (   )

미영 : 우리 이모는 외모에 관심이 많아서 얼마 전에 콧대를 높이는 수술을 했어.

혜수 : 내 친구는 콧대가 높아서 다른 친구에게 먼저 다가가지 않아.

속담

방귀 뀐 놈이 성낸다

자기가 잘못하고 오히려 화를 낸다.

▶ **방귀 뀐 놈이 성낸다**고 왜 네가 먼저 잘못해 놓고 나한테 화를 내니?

2. 다음을 읽고 '방귀 뀐 놈이 성낸다'의 의미에 어울리는 행동을 한 사람을 고르세요. (   )

보기

윤성이는 실수로 지훈이의 물컵을 건드려 물을 쏟았다. 물이 쏟아지면서 윤성이의 신발이 젖었다. 윤성이는 "물컵을 왜 여기다 뒀니? 내 신발이 다 젖었잖아" 하고 지훈이에게 화를 냈다. 지훈이는 어이가 없어서 아무 말도 하지 않았다.

적용하기

1. 관용어와 속담에 어울리는 말에 연결하세요.

① 방귀 뀐 놈이 성낸다. ●	● 자기가 잘못한 일
② 콧대가 높다. ●	● 잘난 척하다.

2. 다음 속담 또는 관용어의 의미와 반대되는 말을 〈보기〉에서 찾아 쓰세요.

① 콧대가 높다. (　　　　　　　　　　)

② 방귀 뀐 놈이 성낸다. (　　　　　　　　　　)

보기 교만하다　겸손하다　큰소리치다　잘못을 인정하다

알아보기

관용어

간이 콩알만 해지다

몹시 두려워지거나 무서워지다.

▶ 갑자기 울린 전화 벨 소리에 깜짝 놀라 **간이 콩알만 해졌다.**

1. 다음 중 '간이 콩알만 해지다'에 어울리는 상황을 고르세요. (   )

① 학교에서 혼자 집에 올 때 소나기가 쏟아지더니 무지개가 떴다.

② 밤중에 집에 혼자 있는데 어디선가 부스럭거리는 소리가 났다.

③ 아파트 앞에 귀여운 강아지가 있었다.

④ 내 동생은 무서운 얘기를 들어도 해맑게 웃는다.

⑤ 우리 아빠는 술을 많이 드셔도 간이 튼튼하다고 한다.

속담

병 주고 약 준다

해를 입힌 뒤 도와주는 척한다.

▶ 얄미운 우리 언니는 맨날 자기가 먼저 놀려서 나를 울려 놓고, **병 주고 약 주는 것처럼** 달래 주는 척을 한다.

2. 다음 글을 읽고 놀부의 행동에 어울리는 속담을 쓰세요.

놀부는 흥부가 제비의 부러진 다리를 고쳐 주고 부자가 되었다는 말을 듣고, 일부러 제비의 다리를 부러뜨렸다. 그리고는 다시 제비의 다리를 치료해 주었다.

✎

적용하기

3주차 15일

1. 다음 중 '간이 콩알만 해지다'에 어울리는 뜻을 고르세요. (　　　　　)

① 왠지 재미있는 일이 생길 것 같다.

② 어떤 일이 생길지 기대된다.

③ 무섭거나 겁이 나서 가슴이 두근거린다.

④ 몸이 튼튼해지다.

⑤ 괜한 일로 화가 난다.

2. 다음 내용에 어울리는 관용어나 속담을 〈보기〉에서 찾아 쓰세요.

보기			
	간이 콩알만 해지다	간이 크다	병 주고 약 준다

① 어제 수학 선생님이 수학 문제 열 개 풀기를 숙제로 내 주셨다. 나는 게임하느라 숙제를 안 했다. 그런데 1교시가 시작하자마자 선생님이 숙제 검사를 시작하셨다.

(　　　　　　　　　　　　　　　　　　　　)

② 민아가 내가 아끼는 연필을 빌려 갔다가 실수로 부러트렸다. 나는 속이 상해서 눈물이 났다. 민아는 아무렇지 않게 "네 연필 불량이더라. 걱정 마, 내가 좋은 걸로 새로 사 줄게." 했다.

(　　　　　　　　　　　　　　　　　　　　)

확인학습

1. 속담 또는 관용어의 뜻에 맞게 연결해 보세요.

① 간이 콩알만 해지다. •	• 몹시 무섭고 겁이 난다.
② 방귀 뀐 놈이 성낸다. •	• 잘난 체한다.
③ 콧대가 높다. •	• 자기가 잘못해 놓고 화를 낸다.
④ 병 주고 약 준다. •	• 해를 입힌 뒤 도와주는 척한다.

2. 다음 내용과 관련 있는 관용어나 속담을 쓰세요.

① 우리 강아지는 자기가 아무 데나 똥을 싸 놓고, 혼을 내면 왈왈거리며 나한테 성질을 낸다.

② 일요일에 부모님이 외출하셔서 하루 종일 게임을 했다. 저녁에 엄마가 집에 와서 갑자기 "숙제 다 했는지 검사하게 가져와"라고 하셨다.

스스로 평가 ☆ ☆ ☆ ☆ ☆

20일에 완성하는
우리말 바로쓰기 대작전

4주차
16일~20일

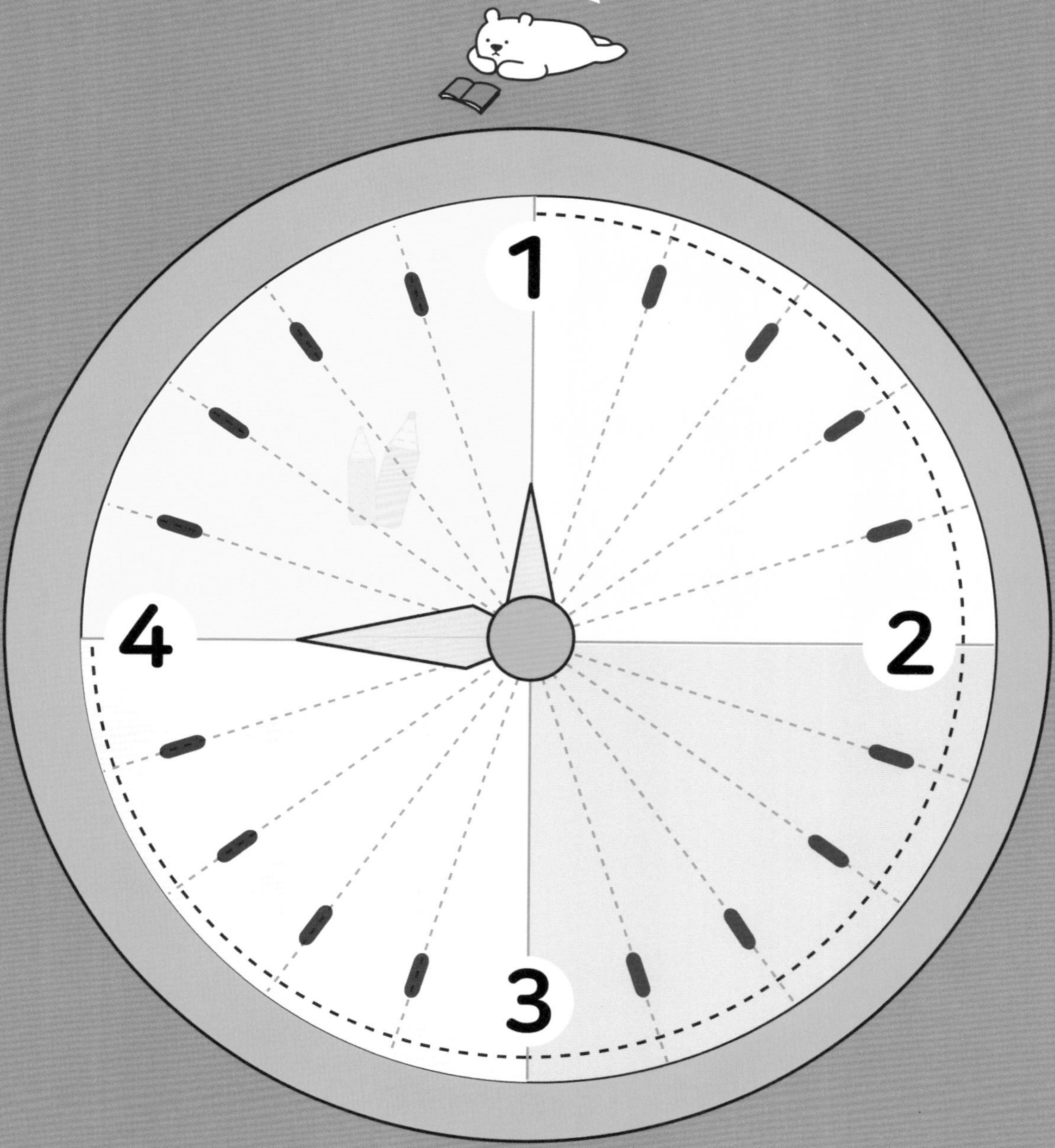

4주차

주간학습 계획

횟수	공부한 날	구분	내용
16일	(　)월(　)일	관용어	손이 맵다
		속담	한술 밥에 배부르랴
			적용하기
		관용어	국물도 없다
		속담	불난 집에 부채질한다
			적용하기 + 확인학습
17일	(　)월(　)일	관용어	발이 넓다
		속담	우물을 파도 한 우물을 파라
			적용하기
		관용어	배가 등에 붙다
		속담	소문난 잔치에 먹을 것 없다
			적용하기 + 확인학습
18일	(　)월(　)일	관용어	몸 둘 바를 모르다
		속담	개똥도 약에 쓰려면 없다
			적용하기
		관용어	바가지를 쓰다
		속담	빛 좋은 개살구
			적용하기 + 확인학습
19일	(　)월(　)일	관용어	등을 돌리다
		속담	꿩 대신 닭
			적용하기
		관용어	군침이 돌다
		속담	쥐구멍에도 볕 들 날이 있다
			적용하기 + 확인학습
20일	(　)월(　)일	관용어	엎친 데 덮치다
		속담	소 잃고 외양간 고친다
			적용하기
		관용어	귀가 번쩍 뜨이다
		속담	개구리 올챙이 적 생각 못한다
			적용하기 + 확인학습

알아보기

관용어

손이 맵다

① 손으로 슬쩍 때려도 몹시 아프다.
② 일하는 것이 빈틈없고 야무지다.

▶ 참글이는 **손이 매워** 살짝만 때려도 아프다.
참글이는 **손이 매워** 무슨 일이든 야무지게 해낸다.

1. 다음 중 '손이 맵다'의 의미가 나머지와 다른 것을 고르세요. (　　　　)

① 동생이 어찌나 손이 매운지 맞은 자리가 한참 동안 얼얼하다.

② 그는 손이 매워서 한번 시작한 일은 빈틈없이 해낸다.

③ 할머니는 연세가 많으시지만 손이 매워 젊은이들보다 일 솜씨가 야무지다.

④ 우리 아이는 손이 매워서 어려운 종이 접기도 척척 잘해요.

⑤ 손이 맵지 못해 마무리가 완벽하지 못해 아쉽네요.

속담

한술 밥에 배부르랴

어떤 일이든지 단번에 만족할 수 없다는 말

▶ **'한술 밥에 배부르랴'**라는 말처럼 처음부터 두꺼운 책을 읽을 수는 없지만, 꾸준히 읽으면 읽어 낼 수 있다.

2. '한술 밥에 배부르랴'의 뜻과 어울리는 말을 고르세요. (　　　　)

① 유준 : 오늘부터 그림을 배워서 곧 화가처럼 멋지게 그릴 거야.

② 민수 : 처음부터 잘 그리는 사람은 없어. 매일 조금씩 연습해야지.

③ 상원 : 밥을 많이 먹어서 배가 불러야 그림을 잘 그릴 수 있어.

적용하기

1. 다음 속담에 나온 말의 뜻으로 알맞은 것을 〈보기〉에서 골라 쓰세요.

한술 밥에 배부르랴.

보기 첫 번째 부족하다 만족하다 성공하다 실패하다

① 한술 밥 : (   )

② 배부르랴 : (,   ) (정답 2개)

2. 다음 중 위 속담을 통해 알 수 있는 것은 무엇인지 고르세요. (   )

① 균형 잡힌 식사의 중요성

② 건강의 소중함

③ 어려울 때 자신을 도와주는 친구의 소중함

④ 절제하는 태도의 중요성

⑤ 끈기와 노력의 중요성

알아보기

4주차 16일

관용어

국물도 없다

돌아오는 몫이나 이득이 아무것도 없다.

▶ 엄마는 이번에도 시험을 망치면 **국물도 없다**고 겁을 주셨다.

1. 관용어를 바르게 활용한 사람은 누구인지 고르세요. (　　　　　　)

선생님 : 지난번에도 숙제를 안 해 왔는데 또 안 해 왔어?
오늘까지는 봐주지만 다음번에는 정말 국물도 없다!

성보 : 참글아, 오늘도 급식에 네가 좋아하는 국물이 없어. 어떡하지?

속담

불난 집에 부채질한다

나쁜 상황이나 남의 불행을 더 커지게 한다.

▶ 현이는 숙제를 잘 못해서 선생님께 꾸중을 들었는데 **불난 집에 부채질한다**고, 친구들이 놀리기까지 했다.

2. 속담의 뜻과 비슷한 상황을 겪은 사람은 누구인지 고르세요. (　　　　　　)

민후 : 숙제를 안 해서 선생님께 엄청 혼났는데 친구가 맛있는 걸 사 줘서 기분이 풀렸어.

정원 : 불난 집에 부채질을 하면 불이 빨리 꺼질 줄 알았는데 아니었어.

연우 : 친구랑 싸워서 기분이 나쁜데 거기다 엄마에게 꾸중까지 들었어.

적용하기

1. 관용어를 바르게 활용한 사람은 누구인지 고르세요. (   )

윤서 : 가족끼리 외식을 하고 나오는데 엄마가 “제대로 된 국물도 없고 맛도 없네”라고 하셨다.

하민 : 호랑이는 자신을 속이고 도망간 토끼를 다시 만나자 “넌 이제 국물도 없다” 하고 으름장을 놓았다.

2. ‘불난 집에 부채질한다’에 담긴 뜻은 무엇인지 고르세요. (   )

① 남의 불행을 더 커지게 한다.

② 남에게 나쁜 행동을 한다.

③ 다른 사람에게 잘못된 행동을 시킨다.

④ 불난 집에 가서 불을 끄려고 한다.

⑤ 남의 것을 탐낸다.

3. 다음을 읽고 빈칸에 들어갈 알맞은 단어를 〈보기〉에서 찾아 동그라미 하세요.

동생이 내가 학원에 간 사이에 몰래 방에 들어가서 숙제 공책을 찢어 버렸다. 내가 동생에게 화를 내자 엄마는 무슨 일인지 묻지도 않고, 동생에게 화를 낸다고 나만 혼냈다. 안 그래도 화 난 내게 (   ) 하는 것 같았다.

보기 국물도 없다   눈에 선하다   불난 집에 부채질   콧대가 높다

확인학습

4주차 16일

1. 다음을 읽고 관련된 관용어나 속담을 〈보기〉에서 찾아 빈칸에 쓰세요.

보기

손이 맵다 / 한술 밥에 배부르랴 / 국물도 없다 / 불난 집에 부채질한다

① 선생님은 한 번은 봐주지만 다음에 또 지각하면 봐주지 않을 거라고 하셨다.

( )

② 뭐든지 한 번에 되는 일은 없어. 꾸준히 노력하면 좋은 결과가 있을 거야.

( )

③ 수아는 항상 정리정돈을 야무지게 잘해서 부러워.

( )

④ 친구와 다퉈 기분이 좋지 않았는데 눈치 없는 짝이 장난치다가 우유를 내 옷에 쏟아 버렸다.

( )

스스로 평가 ☆☆☆☆☆

알아보기

관용어

발이 넓다

사귀어 알고 지내는 사람이 많아 활동 범위가 넓다.

내 친구는 **발이 넓어서** 다른 반에도 모르는 사람이 없다.

1. 관용어를 바르게 활용한 사람은 누구인지 고르세요. (　　　　　　)

지수 : 나는 발이 넓어서 큰 운동화를 신어야 해.

서율 : 나는 발이 넓어서 여기저기 아는 친구가 많아.

은주 : 내 동생은 발이 넓어서 산에 가도 오래 걸을 수 있어.

속담

우물을 파도 한 우물을 파라

어떤 일이든 한 가지 일을 끝까지 해야 성공할 수 있다.

예진이는 수영을 배우다 말고 또 태권도를 배운다. **우물을 파도 한 우물을 파라**고 충고해 주고 싶다.

2. 다음 중 '우물을 파도 한 우물을 파라'의 의미와 어울리지 않는 단어를 고르세요. (　　　　　　)

① 끈기　② 성실함　③ 다양한 도전　④ 뚝심　⑤ 꾸준함

적용하기

4주차 17일

1. 다음 문장에 어울리는 관용어를 빈칸에 쓰세요.

① 희수는 [ㅂ][ㅇ][ ][ㄴ][ㅇ][ㅅ] 우리 학교에서 모르는 아이가 없어.

② [ㅂ][ㅇ][ ][ㄴ][ㅇ] 언니는 주위에 아는 사람이 많다.

2. '우물을 파도 한 우물을 파라'의 의미로 알맞은 것을 고르세요. (　　　)

① 한 가지 방법으로 일을 처리해야 안전하다.

② 한 가지 일만 오래 하는 것은 어리석은 일이다.

③ 한 가지 일을 끝까지 해야 좋은 결과를 얻을 수 있다.

④ 욕심 부리지 말고 일을 순서대로 하라는 말이다.

⑤ 무슨 일이든 혼자서 알아서 하라는 말이다.

관용어

배가 등에 붙다

먹은 것이 없어서 몹시 허기지다.

먹잇감도 없는 산 속에서 겨울 내내 헤맸더니 호랑이는 **배가 등에 붙은 것 같았다.**

관용어를 바르게 활용한 사람은 누구인지 고르세요. (　　　　　　　　)

수지 : 운동을 열심히 했더니 배가 등에 붙은 것같이 날씬해져서 좋아!

미나 : 하루 종일 아무것도 못 먹어서 배가 등에 붙은 것 같아.

현아 : 친구가 멋진 옷을 산 걸 보니 샘이 나서 배가 등에 붙어 버렸어.

속담

소문난 잔치에 먹을 것 없다

떠들썩한 소문에 비해 알맹이나 내용이 없다.

요즘 인기 1위라는 영화를 기대하면서 봤는데 **소문난 잔치에 먹을 것 없다더니** 별로 재미가 없었다.

2. '소문난 잔치에 먹을 것 없다'와 비슷한 말을 고르세요. (　　　　　　　　)

① 옷이 날개다.　② 배가 등에 붙다.　③ 식은 죽 먹기

④ 빈 수레가 요란하다.　⑤ 배가 아프다.

적용하기

1. '배가 등에 붙다'의 뜻으로 알맞은 것을 고르세요. (   )

① 갑자기 살이 빠지다.

② 많이 먹어서 배가 부르다.

③ 배와 등이 아프다.

④ 먹은 것이 없어서 몹시 배고프다.

⑤ 몸을 다쳐서 장애가 생기다.

2. 〈보기〉를 읽고 다음 상황에 어울리는 속담을 쓰세요.

수진이는 학교에 오자마자 친구들에게 자랑하듯 말했다. "이번 주 토요일이 내 생일이야. 모두 놀러 와. 엄마가 맛있는 것 많이 해 주신대" 하며 아이들을 초대했다. 하지만 토요일이 되어 막상 아이들이 수진이네를 가 보니 어른도 안 계시고 음식도 두 가지밖에 없어서 다들 실망했다.

(   )

3. 서로 관련된 내용끼리 연결해 보세요.

① 배가 등에 붙다.	•	•	소문은 그럴싸한데 별 거 없네.
② 소문난 잔치에 먹을 것 없다.	•	•	너무 배가 고파.

확인학습

1. 다음 문장을 읽고 어울리는 관용어나 속담을 빈칸에 쓰세요.

① 나는 어른이 되면 축구도 하고, 야구도 하고, 농구도 할 거야.
그랬더니 엄마가 “욕심 부리지 말고

ㅇ	ㅁ	ㅇ		ㅍ	ㄷ		ㅎ		우	물	을		파	라	”

고 했다. 나는 여러 가지를 해 보고 싶은데 말이다.

② 학교를 마치고 친구들이랑 축구를 했다. 이리 뛰고 저리 뛰며 공을 쫓아다녔더니
집에 올 때는 배가 너무 고파

ㅂ	ㄱ		ㄷ	ㅇ		ㅂ	ㅇ

지경이었다.

③ 유명한 작가가 쓴 책이라는 광고를 보고 잔뜩 기대하면서 샀는데 너무 재미가 없었다.
‘소문난

ㅈ	ㅊ	ㅇ

먹을 것 없다’는 말이 딱 맞는다.

④ 나는

발	이				

어려운 일이 있을 때 도움을 청할 친구들이
주위에 많다.

스스로 평가

알아보기

4주차 18일

관용어

몸 둘 바를 모르다

고맙거나 어렵거나 두렵거나 하여 어찌할 바를 모르다.

▶ 선생님께서 자꾸 모범생이라고 칭찬하셔서 **몸 둘 바를 모르겠다.**

1. '몸 둘 바를 모르겠다'를 바르게 활용한 사람은 누구인지 고르세요. (　　　　　　)

리하 : 동생이 자꾸 놀려서 짜증이 나서 몸 둘 바를 모르겠다.

호영 : 새로 전학 간 학교에서 아이들이 나만 쳐다보니까 몸 둘 바를 모르겠다.

윤우 : 집에 책이 너무 많아서 몸 둘 바를 모르겠다.

속담

개똥도 약에 쓰려면 없다

평소에 흔하던 것도 막상 요긴하게 쓰려고 구하면 없다.

▶ 길에서 강아지가 싼 똥을 치우려고 비닐봉지를 찾았지만 **개똥도 약에 쓰려면 없다**고 아무리 찾아도 없다.

2. 위 속담을 잘못 활용한 사람은 누구인지 고르세요. (　　　　　　)

하준 : '개똥도 약에 쓰려면 없다'고 그 흔한 페트병이 하나도 안 보이네.

희수 : '개똥도 약에 쓰려면 없다'고 동생이 꼭꼭 숨겨 둔 용돈을 찾았다!

준우 : 아빠랑 강에 낚시하러 갔는데 '개똥도 약에 쓰려면 없다'고 그렇게 많던 물고기가 오늘따라 한 마리도 없다.

적용하기

1. 다음 상황에 어울리는 속담 또는 관용어를 〈보기〉에서 찾아 빈칸에 쓰세요.

보기

개똥도 약에 쓰려면 없다　　소문난 잔치에 먹을 것 없다

손이 맵다　　몸 둘 바를 모르다　　배가 등에 붙다

① 잘한 것도 없이 칭찬을 들으니 어쩔 줄을 모르겠다.

(　　　　　　　　　　　　　　　　　　　　)

② 장염으로 어제부터 아무것도 먹지 못해 허기가 진다.

(　　　　　　　　　　　　　　　　　　　　)

③ (　　　　　　　　　　　　　　　　　　　　)더니 바닷가에 갔는데 흔한 조약돌 하나가 안 보인다.

④ 서진이처럼 자기가 맡은 일을 야무지게 잘하는 아이를 본 적이 없다.

(　　　　　　　　　　　　　　　　　　　　)

알아보기

4주차 18일

관용어

바가지를 쓰다

요금이나 물건 값을 실제 가격보다 비싸게 내고 손해를 보다.

어제 새로 생긴 마트에 갔다가 **바가지를 썼다**. 알고 보니 옆 마트에서 물건을 훨씬 싸게 팔고 있었다.

1. 다음을 읽고 상황에 어울리는 관용어를 쓰세요.

지후 : 이 필통 예쁘지? 천 원 주고 샀어.

연아 : 어? 너랑 똑같은 필통인데 내가 5천 원이나 비싸게 샀네?

속담

빛 좋은 개살구

겉보기에는 그럴듯한데 실제로는 맛없는 과일처럼 겉모양은 그럴듯한데 실속이 없음.

아무리 좋은 말도 실천을 안 하면 **빛 좋은 개살구**일 뿐이다.

2. 빈칸에 들어갈 알맞은 속담을 쓰세요.

엄마가 크고 싱싱하고 맛있어 보이는 복숭아를 사 왔다. 크게 한 입 베어 물었는데 너무 시고 맛이 없어 뱉어 버렸다. 완전 (   )였다.

1. 다음 관용어 또는 속담의 빈칸에 들어갈 말을 찾아 연결하세요.

① 칭찬을 들으니 (　　　　) 모르겠다. ●	● 빛 좋은
② (　　　　) 약에 쓰려면 없다. ●	● 쓰다
③ 심하게 바가지를 (　　　　) ●	● 개똥도
④ 보기에만 그럴 듯한 (　　　　) 개살구 ●	● 몸 둘 바를

2. 다음 내용에 어울리는 관용어나 속담을 쓰세요.

엄마가 광고에 나온 비싼 새 운동화를 사 주셨다. 그런데 얼마 못 가서 운동화 밑창이 다 떨어져 버렸다. 보기에만 그럴듯한 운동화였다. 돈이 아까웠다.

확인학습

4주차 18일

1. 관련된 내용끼리 서로 연결하세요.

① 몸 둘 바를 모르다. ●	● 친구와 똑같은 필통을 훨씬 비싸게 샀다.
② 개똥도 약에 쓰려면 없다. ●	● 좋아하는 친구를 만났는데 인사도 제대로 못 했다.
③ 바가지를 쓰다. ●	● 어제까지 보이던 머리 묶는 고무줄이 아무 데도 없다.

2. 다음 글을 읽고 빈칸을 채워 관용어나 속담을 완성하세요.

엄마 아빠랑 이모네 가족과 제주도로 여행을 갔다. 오랜만에 만난 이모부가 "영수 아주 멋져졌는데? 공부도 잘하겠지?" 하며 칭찬을 하셔서 [ ][ ][둘][ ][바][를] 몰랐다. 숙소에 도착해서 엄마랑 이모가 음식을 만들면서 나무 젓가락이 있으면 좋겠다고 했다. 그런데 아무리 찾아도 없었다. 이모는

"[개][똥][도][ ][ ][ ][ ][ ][ ][ ] 없다더니" 하며

웃었다. 그러면서 이모부에게 나가서 젓가락을 좀 사오라고 하자 이모부가 젓가락을 사 왔다. 그런데 이모부는 나무 젓가락 10개 들은 것을 6천 원이나 주었다고 했다.

이모는 "완전히 [ ][ ][ ][ ][썼][네] " 하면서 웃었다.

스스로 평가 ☆ ☆ ☆ ☆ ☆

4주차 19일

관용어

등을 돌리다

뜻을 같이 하다가 관계를 끊다.

▶ 웬일인지 오랫동안 단짝으로 지내던 영우와 민수가 서로 **등을 돌렸다**.

1. 관용어의 뜻을 바르게 말한 사람은 누구인지 고르세요. (　　　　)

준호 : ‘등을 돌린다’는 말은 서로 등을 두드려 격려해 준다는 뜻이야.

경아 : ‘등을 돌린다’는 말은 두 사람이 서로 반대 방향으로 걸어간다는 뜻이야.

수지 : ‘등을 돌린다’는 말은 서로 더 이상 함께 하지 않는다는 뜻이야.

속담

꿩 대신 닭

적당한 것이 없을 때 그와 비슷한 것으로 대신하다.

▶ 배가 고파서 엄마에게 밥을 달라고 했더니 “밥이 아직 안 됐으니 **꿩 대신 닭**이라고 빵 먹어라” 했다.

2. 속담을 바르게 활용한 사람은 누구인지 고르세요. (　　　　)

민지 : 내가 좋아하는 딸기우유가 없어서 ‘꿩 대신 닭’이라고 초코우유를 사 왔다.

서준: ‘꿩 대신 닭’이라고 공책을 샀더니 문구점 아저씨가 연필을 서비스로 주셨다.

1. '등을 돌리다'의 뜻으로 알맞은 것을 고르세요. (   )

① 손발이 잘 맞다.

② 싸웠다가 화해하다.

③ 서로 반대 방향으로 가다.

④ 가깝던 관계가 멀어지다.

⑤ 등을 맞대고 일을 하다.

2. 다음을 읽고 빈칸에 들어갈 속담은 무엇인지 쓰세요.

연오랑 세오녀가 신라를 떠나 섬으로 간 후 해와 달이 빛을 잃어버렸어요. 임금은 점쟁이를 불러서 점을 쳤어요. "이것은 모두 신라에서 해와 달 역할을 하던 연오랑 세오녀가 섬나라로 갔기 때문입니다." 점쟁이의 말에 임금은 신하들에게 당장 가서 연오랑 세오녀를 데려오라고 했어요. 신하들이 서둘러 섬나라로 연오랑 세오녀를 찾아갔어요. 세오녀는 고민 끝에 정성 들여 짠 비단을 신하들에게 주며 "우리는 갈 수 없지만 (   ) 이라고 대신 이 비단을 가져가서 하늘에 제사를 지내세요" 하고 말했어요.

알아보기

관용어

군침이 돌다

무엇을 먹고 싶거나 갖고 싶은 마음이 생기다.

▶ 길거리 포장마차에서 굽는 호떡 냄새를 맡으니 **군침이 돌았다.**

1. 빈칸에 들어갈 알맞은 관용어를 쓰세요.

채영 : 오늘 급식 메뉴는 콩나물 밥이랑 나물이래. 나는 나물을 좋아하는데 정말 기대 돼.

준아 : 듣기만 해도 (   ). 얼른 먹고 싶어지는걸.

속담

쥐구멍에도 볕 들 날이 있다

몹시 고생만 하던 사람도 좋은 때를 만날 날이 있다.

▶ 이번에 시험을 못 봤지만 포기하지 않을 거야. **쥐구멍에도 볕 들 날**이 있다잖아.

2. 다음 중 '쥐구멍에도 볕 들 날이 있다'라는 속담의 뜻과 관련이 있는 것을 고르세요. (   )

① 햇빛을 좋아하는 쥐가 많은 이유

② 쥐가 파 놓은 구멍이 좋은 이유

③ 고생 끝에 생긴 좋은 일

④ 햇빛이 건강에 좋은 이유

⑤ 쥐와 날씨 사이의 관계

적용하기

1. '군침이 돌다'를 다르게 표현한 말로 알맞은 것을 고르세요. (　　　　)

① 맛있는 음식을 보니 빨리 먹고 싶은 마음에 입에 침이 고인다.

② 친구의 인형이 마음에 들어서 탐이 난다.

③ 배고플 때는 힘이 없어서 맛있는 것이 생각난다.

④ 욕심 많은 동생 눈에는 늘 남의 것이 더 커 보인다.

⑤ 말 많고 입이 가벼운 사람은 말할 때 침을 많이 튀긴다.

2. 내용에 어울리는 적절한 관용어나 속담을 〈보기〉에서 골라 빈칸에 쓰세요.

보기　군침이 돌았다　취구멍에도 볕 들 날이 있다　등을 돌리다

① 지우는 아빠가 일찍 돌아가셔서 가난하게 살아야 했다. 그렇지만 열심히 노력해서 나중에 변호사의 꿈을 이루었다.

(　　　　　　　　　　　　　　　　　　　　)

② 엄마 아빠와 맛집에 갔다. 음식이 나오기를 기다리며 다른 사람들이 먹는 것을 보니

(　　　　　　　　　　　　　　　　　　　　)

③ 심청이는 어릴 때는 엄마 없이 고생했지만 착하게 살아서 나중에는 왕비가 되었다.

(　　　　　　　　　　　　　　　　　　　　)

확인학습

1. 다음과 관련된 내용을 〈보기〉에서 찾아 빈칸에 번호를 쓰세요.

① 등을 돌리다. (　　　　)

② 꿩 대신 닭 (　　　　)

③ 군침이 돌다. (　　　　)

④ 쥐구멍에도 볕 들 날이 있다. (　　　　)

보기

① 엄마가 끓인 된장찌개 냄새가 좋아서 얼른 먹고 싶었다.

② 현호는 1학년 때부터 수학을 못 해서 한 번도 시험을 잘 본 적이 없었지만, 포기하지 않고 나랑 같이 열심히 공부해서 3학년 때 90점을 받았다.

③ 영수처럼 약속을 안 지키는 친구는 이제 다시는 안 볼 거야!

④ 어렵게 시간을 내서 엄마 아빠랑 유명한 맛집에 갔는데 가게가 문을 닫았다. 할 수 없이 근처에 있는 다른 맛집으로 갔다.

스스로 평가 ☆ ☆ ☆ ☆ ☆

알아보기

4주차 20일

관용어

엎친 데 덮치다

어렵거나 불행한 일이 겹쳐 일어나다.

체해서 배가 아픈데 **엎친 데 덮친 격**으로 계단에서 넘어지기까지 했다.

1. 관용어를 바르게 활용한 사람은 누구인지 고르세요. (   )

주아 : 침대에서 자고 있는데 갑자기 강아지가 엎친 데 덮쳐 와서 깜짝 놀랐다.

민지 : 친구랑 싸워서 기분이 좋지 않은데 엎친 데 덮친 모양으로 길에서 넘어지고 말았어.

경수 : 음악을 듣고 있는데 친구가 갑자기 뒤에서 엎친 데 덮친 것처럼 나를 훅 안아서 깜짝 놀랐다.

속담

소 잃고 외양간 고친다

일이 이미 잘못된 뒤에는 손을 써도 소용이 없음을 비꼬는 말.

소 잃고 외양간 고친다더니, 민주는 시험을 망치고 나서야 열심히 공부하기 시작했다.

2. 위 속담의 뜻을 바르게 설명한 것을 고르세요. (   )

① 같은 일을 여러 번 할수록 더 잘 하게 된다.

② 나쁜 일을 겪어 봐야 사람이 철이 든다.

③ 문제가 발생한 뒤에는 되돌리려 해도 소용없다.

④ 소가 사는 외양간은 무조건 튼튼해야 한다.

⑤ 소가 화가 나면 난폭해지니 조심해야 한다.

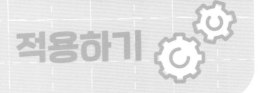

1. 다음 중 '엎친 데 덮치다'라는 속담을 쓸 수 있는 사람은 누구인지 고르세요. (　　　　　)

① 진아 : 생일 날 시험을 잘 봐서 선물을 두 배로 받았어.

② 성우 : 새 운동화를 사러 마트에 갔는데 마트가 문을 닫았지 뭐야.

③ 유준 : 내가 좋아하는 음식이 급식에 나왔는데 친구가 결석해서 2인분을 먹었어.

④ 하민 : 계단에서 넘어져서 팔이 부러졌는데 독감까지 걸렸어.

⑤ 다혜 : 이사를 가면 전학을 가야 해서 며칠을 걱정했는데 안 가게 되었어.

2. 다음을 읽고 뜻을 생각하며 글씨를 따라 쓰세요.

① 지선 : '엎친 데 덮친다'는 말은 눈 위에 서리까지 덮인다는 말로

설	상	가	상

이라고도 해. 어려운 일이나 불행이 겹쳐서 일어나는 것을 말해.

② 경원 : '소 잃고 외양간 고친다'는 속담은

사	후	약	방	문

이라고도 하는데 이는 '사람이 죽은 뒤에 약을 지을 대책을 세운다'라는 뜻이야.

3. '소 잃고 외양간 고친다'는 속담이 주는 교훈은 무엇인지 고르세요. (　　　)

① 실수는 누구나 할 수 있으니 걱정하지 마라.

② 일이 잘못된 뒤에 후회하지 말고 미리미리 준비해야 한다.

③ 성공하려면 소처럼 열심히 일해야 한다.

④ 무슨 일이든 잘못되지 않으려면 적당히 해야 한다.

⑤ 무엇이든 소처럼 크고 양이 많을수록 좋다.

알아보기

4주차 20일

관용어

귀가 번쩍 뜨이다

어떤 말이나 이야기가 무척 그럴듯해 선뜻 마음이 끌리다.

▶ 엄마가 용돈을 올려 준다는 말에 **귀가 번쩍 뜨였다.**

1. 다음 〈보기〉의 빈칸에 들어갈 알맞은 말을 쓰세요.

보기

참글이는 여름 방학을 맞아 생일 기념 가족 여행을 가고 싶어서 부모님을 졸랐다. 그런데 참글이의 생일이 있는 주에 두 분 다 출장을 가야 한다고 하셨다. 참글이는 속상했지만 포기하고 잊어버리고 있었는데 일주일 뒤, 아빠가 갑자기 방에 들어와서 비행기 티켓을 보여 주시며 "참글이 생일 기념 여행 가야지"라고 말씀하셨다. 참글이는 (   ) 소리를 듣고 책상에 앉아 졸고 있다가 벌떡 일어났다.

속담

개구리 올챙이 적 생각 못 한다

형편이 나아졌다고 해서 예전에 어려웠던 때를 생각하지 못하고 잘난 체하는 사람을 이르는 말

▶ **개구리 올챙이 적 생각 못 한다**더니, 3학년이 1학년에게 구구단도 못 외운다고 놀린다.

2. 다음을 읽고 '개구리 올챙이 적 생각 못 한다'는 속담을 말해 주고 싶은 사람은 누구인지 쓰세요. (   )

선재 : 너는 아직도 물장구만 치고 있구나. 언제 나처럼 멋있게 수영할래?

태영 : 형은 4학년이니까 그렇지, 나는 2학년이야. 나도 4학년이 되면 잘 할 수 있을 거야.

적용하기

1. '귀가 얇다'는 남의 말을 너무 쉽게 믿는 것을 말합니다. 〈보기〉를 읽고 빈칸에 공통으로 들어갈 알맞은 말을 쓰세요.

보기

주하 : 학교 앞 문구점에 다 쓴 공책을 열 권 모아서 가져가면 새 공책이랑 바꿔 준대.

가윤 : 그것 참 (　　　)가 번쩍 뜨이는 얘기다. 마침 새 공책이 필요했는데! 그런데 이준이는 한 권만 가져가도 바꿔 준다고 하던데?

주하 : 내가 어제 직접 가서 확인했거든? 너는 (　　　)가 얇아서 남의 말을 너무 쉽게 믿잖아. 돌다리도 두드려 보고 건너라는 말처럼 항상 정확히 확인해야 해.

2. '귀가 번쩍 뜨이다'에는 어떤 뜻이 담겨 있는지 고르세요. (　　　　)

① 주변이 지나치게 시끄럽다.

② 마음 속으로 누군가가 걱정스럽다.

③ 누군가에게 크게 섭섭하다.

④ 귀가 잘 들리지 않다가 낫다.

⑤ 다른 사람의 말이나 이야기에 마음이 끌리다.

확인학습

1. 다음 내용과 어울리는 말을 〈보기〉에서 골라 쓰세요.

보기 신중하지 못하다 겸손하다 우쭐댄다 욕심 많다 검소하다

① 개구리 올챙이 적 생각 못 하고 자기보다 축구를 못하는 친구를 놀리는 참글이

( )

② 친구가 무엇을 샀다는 말을 들으면 귀가 번쩍 뜨여서 어디서 샀는지 꼭 알려 달라고 조르는 진수 ( )

③ 시험 전날까지 게임만 하고 놀다가 막상 시험을 못 보고 나니 소 잃고 외양간 고치는 것처럼, 뒤늦게 후회하며 공부하는 한주

( )

스스로 평가 ☆ ☆ ☆ ☆ ☆

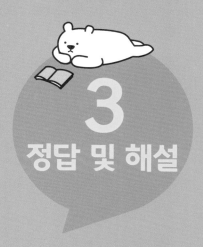

3
정답 및 해설

본 교재는 관용어와 속담을 바르게 사용할 수 있도록 다양한 예문과 문장을 활용하여 문해력을 키우도록 구성하였습니다. 본 교재에서 사용한 관용어와 속담, 맞춤법과 어휘는 국립국어원에서 제공하는 표준 국어대사전을 따랐습니다.

1주차 1일

14쪽 알아보기 1. 진서 2. 경호

15쪽 적용하기 1. ③ 2. 참글이 3. ③

16쪽 알아보기 1. 민호 2. ②

17쪽 적용하기 1. ② 2. 민수

3.

가	는		말	이		고	와	야	
오	는		말	이		곱	다	.	

18쪽 확인학습

①

입	이		무	거	워	서

②

입	이		무	거	운

③

입	이		가	볍	다	.

1주차 2일

19쪽 알아보기 1. 준우 2. 주원

20쪽 적용하기 1. ①

2.

식	은		죽		먹	기

3. ④

21쪽 알아보기 1. ③ 2. 해리

22쪽 적용하기 1. 다혜 2. ③ 3. 혜인

23쪽 확인학습 ① 식은 죽 먹기 ② 손이 크다

③ 내 코가 석 자

식	소	틀	리	다	갱
은	기	손	이	크	다
죽	롱	숑	서	다	생
먹	내	코	가	석	자
기	마	작	망	강	용
니	강	다	싱	쉽	다

1주차 3일

24쪽 알아보기 1. 진수 2. 민우

25쪽 적용하기 1.

속	을		태	웠	다	.

2.
①

	소	나	무	가		무	성	하	면	
잣	나	무	도		기	뻐	한	다	.	

②

	친	구	와		포	도	주	는		오
래	될	수	록		좋	다	.			

3. ②

26쪽 알아보기 1. ④ 2.

갈	수	록		태	산

27쪽 적용하기 1. ② 2. 예) 숙제를 다 하면 한 시간 동안 놀고 싶어요.

3. ⑤

28쪽 확인학습

1.

① 속을 태우다	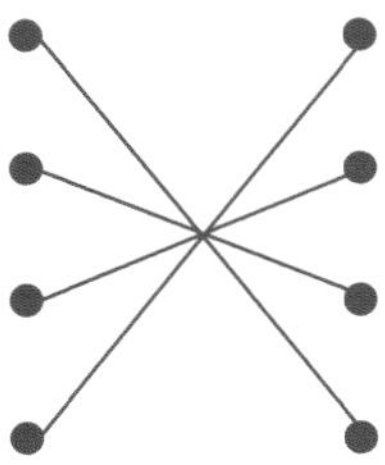	한목소리로 말하다.
② 친구 따라 강남 간다		갈수록 어렵다.
③ 갈수록 태산		내키지 않지만 따라간다.
④ 입을 모으다.		몹시 걱정된다.

2. ① 속을 태우다. – 마음을 졸이다. / 마음이 넓다.
② 친구 따라 강남 간다. – 친구를 좋아한다. / 덩달아 친구를 따라 한다.
③ 입을 모으다. – 한목소리로 말하다. / 마음을 모으다.
④ 갈수록 태산 – 갈수록 힘들어. / 갈수록 좋아지다.

3. ②

1주차 4일

29쪽 **알아보기** 1. 기가 차다, 어이없다. 2. ⑤

30쪽 **적용하기** 1. 이준

2. ① 선생님께 칭찬을 들은 지선
② 시험 점수가 엉망이라서 실망한 명수
③ 수영장에서 나를 따라잡으려고 애를 쓰는 민서

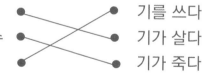

기를 쓰다
기가 살다
기가 죽다

3. ② 4. ①

31쪽 **알아보기** 1. 머리를 맞대고 2. 시작이 반이다 (O)

32쪽 **적용하기**

1. ① 엄마의 생일 파티를 준비하려고 아빠랑 나는 몰래 의논했다.
② 방학을 맞아 문제집을 샀다. 어려워 보이지만 1회부터 차례로 풀기로 했다.

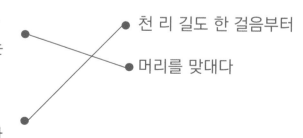

천 리 길도 한 걸음부터
머리를 맞대다

2. 서연

관용어 &속담

1주차 4일

32쪽 적용하기

3.

	천		리		길	도	
한		걸	음	부	터		

33쪽 확인학습

1. ① 천 리 길
   ② 머리
   ③ 부뚜막
   ④ 기가 막히다.

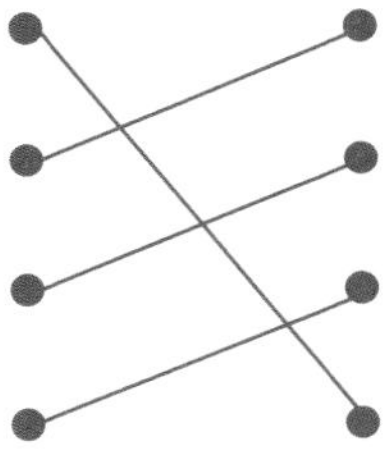

맞대다.
소금
어이가 없다.
한 걸음

2. 수영

1주차 5일

34쪽 알아보기 1. 마음에 들지 2. 까마귀 고기를 먹었어 (먹었니)

35쪽 적용하기 1. 이진 2.까마귀 고기를 먹었나 3. ③

36쪽 알아보기 1. 지우 2. 바로 실행하다.

37쪽 적용하기 ③

38쪽 확인학습 ① 눈치 ② 까마귀 고기 ③ 마음, 드는

2주차 6일

41쪽 알아보기 1. 귀 2. 숭늉

42쪽 적용하기 1. 은호

2. ① 귀가 따갑다. — 어떤 말을 듣기 싫다.
② 우물에 가 숭늉 찾는다. — 성급하게 덤빈다.

3. 우물에 가 숭늉 찾는다.

43쪽 알아보기 1. 칭찬, 비행기

2. 티끌 모아 태산

44쪽 적용하기 1. 예진 2. 비행기를 태우다 3. 티끌 모아 태산

45쪽 확인학습 ① 귀 ② 비행기 ③ 티끌 모아 태산

2주차 7일

46쪽 알아보기 1.④ 2. 손 안 대고 코 풀기 (O)

47쪽 적용하기 1. 배가 아프다. 2. 재영 3. ⑤

48쪽 알아보기 1. 지헌 2. 돌다리도 두드려 보고 건너라

49쪽 적용하기 1. 심사숙고

2. ① 잠결에도 친구들의 소곤거리는 소리에 깼다. — 귀가 밝다
② 군사들은 장군의 말을 놓치지 않고 열심히 들었다. — 귀를 기울이다
③ 내 동생은 사람들의 말을 너무 쉽게 믿는다. — 귀가 얇다

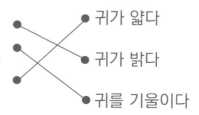

3. ①

50쪽 확인학습 ① 감나무 ② 귀가 얇다
③ 두드려 보고

2주차 8일

51쪽 알아보기 1. 오지랖이 넓다 2. 개밥에 도토리

52쪽 적용하기 1. 경수 2. 지호 3. 지윤

53쪽 알아보기 1. ③ 2. 진서

54쪽 적용하기 1. 민호 2. ④ 3. ① 개밥 ② 발 벗고

55쪽 확인학습 ① 발 벗고 ② 수박 ③ 오지랖 ④ 개밥

2주차 9일

56쪽 알아보기 1. 미정 2. 고양이 목에 방울 달기

57쪽 적용하기 1. 눈이 빠지게 기다리다. 2. ③ 3. ④

58쪽 알아보기 1. 참글이 2. ②

59쪽 적용하기 1. 결심하다, 다짐하다.

59쪽 적용하기 2. ① 백지장 — 쉽고 작은 일
② 맞들면 — 힘을 합치면
③ 낫다 — 힘이 덜 든다

3. ②

60쪽 확인학습 1. ① 무엇을 하겠다고 생각하다. — 마음을 먹다.
② 아무리 쉬운 일이라도 혼자 하는 것보다 협력하여 하는 것이 훨씬 더 낫다. — 백지장도 맞들면 낫다.

2. 빠지게

2주차 10일

61쪽 알아보기 1. 민호 2. 등잔 밑이 어둡다.

62쪽 적용하기 1. ①

2. ① 친구들과 놀다 보니 시간 가는 줄 모르고 너무 재미있었다. — 깨가 쏟아지다
② 아무리 찾아도 안 보이던 책이 책상 위에 있었네 — 등잔 밑이 어둡다

3. 등잔 밑이 어둡다.

63쪽 알아보기 1. 영선 2. 가는 날이 장날

64쪽 적용하기 1. 밥 먹듯

2. ① 가는 날이 장날 ② 가는 날이 장날

65쪽 확인학습

1. ① 깨가 쏟아지다.
② 등잔 밑이 어둡다.
③ 밥 먹듯 하다.
④ 가는 날이 장날

- 사물을 가까이 두고도 모른다.
- 밥을 먹는 것처럼 어떤 일을 자주 하다.
- 하필 내가 가는 날 가게가 문을 닫았어.
- 둘 사이가 좋아서 무척이나 아기자기하고 재미있다.

2. ① 쏟아지다 ② 등잔 ③ 장날

3주차 11일

68쪽 알아보기 1. 민호 2. ①, ④

69쪽 적용하기 1. ② 2. 영호

3.

새 살	세 살	버릇	여든까지 간다.

시치미를	떼다	때다
걱정이	태산	테산

70쪽 알아보기 1. 동주 2. 호랑이

71쪽 적용하기 1. ④ 3. 호랑이도 제 말 하면 온다.

72쪽 확인학습 ① 호랑이도 제 말 하면 온다. ② 세 살 버릇 여든까지 간다.
③ 시치미를 떼다. ④ 눈 깜짝할 사이

3주차 12일

73쪽 알아보기 1. ② 2. 시작

74쪽 적용하기 1. 시작 2. 새겨야 3. 시작이 반이야 4. 시작이 반

75쪽 알아보기 1. ② 2. 목마른 사람이 우물 판다

76쪽 적용하기

1. ① 눈에 불을 켜다.
   ② 눈을 붙이다.
   ③ 눈에 넣어도 아프지 않다.
   ④ 눈 딱 감다.

우리 할머니는 나만 보면 눈에 넣어도 안 아픈 강아지라고 한다.

피곤해서 쉬는 시간에 잠시 눈을 붙였다.

언니는 늘 내가 새로 산 물건을 귀신같이 알아보고 탐을 낸다.

친구의 잘못을 한 번만 눈감아 달라고 했다.

2. ①

3. 눈 딱 감다

77쪽 확인학습 ① 눈 딱 감고 ② 가슴에 새기고
③ 시작이 반

3주차 13일

78쪽 알아보기 1. 영우 2. ⑤

79쪽 적용하기 1. 현수 2. ③ 3. 말

80쪽 알아보기

1. ① 어제 본 영화 속 주인공이 멋있어서

② 전에도 여러 번 가 본 곳이라서

③ 열심히 노력해서 꿈을 이룬 미래의 내 모습이

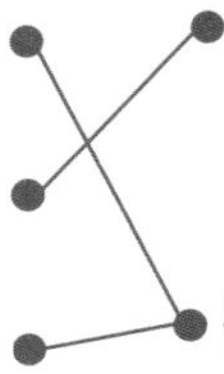

눈에 익다.

눈에 선하다.

2. 대훈

81쪽 적용하기 1. ② 2. ① 눈에 선하다. ② 눈에 선하다.
3. ④ 4. 눈에 선하다

82쪽 확인학습 ① 찬물을 끼얹다. ② 말 한마디에 천 냥 빚을 갚는다.
③ 눈에 선하다.

3주차 14일

83쪽 알아보기 1. ③, ④ 2. 윤재

84쪽 적용하기

1. ① 발이 넓다

② 발 벗고 나선다.

③ 발 디딜 틈이 없다

그는 자신이 옳다고 생각하는 일이라면 항상 ( )

방이 너무 지저분해서 ( )

그 사람은 여기저기 아는 사람이 많은 걸 보니 ( )

2. 발 디딜 틈이 없다

85쪽 알아보기 1. 소희 2. 도토리 키 재기

86쪽 적용하기

1. ① 걸음을 떼다.

② 매도 먼저 맞는 놈이 낫다.

③ 발 디딜 틈이 없다.

선생님께서 "누가 먼저 발표할까?"해서 떨렸지만 내가 먼저 발표를 했다.

나는 떨리는 마음으로 오늘 처음 태권도를 배우러 갔다.

극장에 갔는데 사람이 너무 많아서 입장하는 데 한참이 걸렸다.

2. 도토리 키 재기, 걸음을 떼다

87쪽 확인학습 1. ① 틈이 없다 ② 걸음 ③ 맞는 놈이 낫다

2. 재이

3주차 15일

88쪽 알아보기 1. 혜수 2. 윤성

89쪽 적용하기

1.

① 방귀 뀐 놈이 성낸다.	자기가 잘못한 일
② 콧대가 높다.	잘난 척 하다.

2. ① 겸손하다. ② 잘못을 인정하다.

90쪽 알아보기 1. ② 2. 병 주고 약 준다

91쪽 적용하기 1. ③

2. ① 간이 콩알만 해지다. ② 병 주고 약 준다.

92쪽 확인학습

1.

① 간이 콩알만 해지다.	몹시 무섭고 겁이 난다.
② 방귀 뀐 놈이 성낸다.	자기가 잘못해 놓고 화를 낸다.
③ 콧대가 높다.	잘난 체한다.
④ 병 주고 약 준다.	해를 입힌 뒤 도와주는 척한다.

2. ① 방귀 뀐 놈이 성낸다.
② 간이 콩알만 해지다.

4주차 16일

95쪽 알아보기 1. ① 2. ②

96쪽 적용하기 1. ① 첫 번째 ② 만족하다, 성공하다

2. ⑤

97쪽 알아보기 1. 선생님 2. 연우

98쪽 적용하기 1. 하민 2. ① 3. 불난 집에 부채질

99쪽 확인학습 1. ① 국물도 없다. ② 한술 밥에 배부르랴
③ 손이 맵다 ④ 불난 집에 부채질 한다

4주차 17일

100쪽 알아보기 1. 서율 2. ③

101쪽 적용하기 1. ① 발이 넓어서 ② 발이 넓은 2. ③

102쪽 알아보기 1. 미나 2. ④

103쪽 적용하기 1. ④

2. 소문난 잔치에 먹을 것 없다

3. ① 배가 등에 붙다.

② 소문난 잔치에 먹을 것 없다.

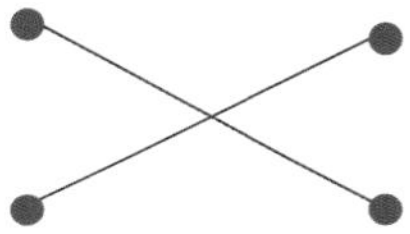

소문은 그럴싸 한데 별 거 없네.

너무 배가 고파.

104쪽 확인학습 1. ① 우물을 파도 한 ② 배가 등에 붙을 ③ 잔치에 ④ 넓어서

4주차 18일

105쪽 알아보기 1. 호영 2. 희수

106쪽 적용하기 ① 몸 둘 바를 모르다 ② 배가 등에 붙다
③ 개똥도 약에 쓰려면 없다 ④ 손이 맵다

107쪽 알아보기 1. 바가지를 쓰다 2. 빛 좋은 개살구

108쪽 적용하기

1. ① 칭찬을 들으니 ( ) 모르겠다.
② ( ) 약에 쓰려면 없다.
③ 심하게 바가지를 ( )
④ 보기에만 그럴 듯한 ( ) 개살구

빛 좋은
쓰다
개똥도
몸 둘 바를

2. 빛 좋은 개살구

109쪽 확인학습

1. ① 몸 둘 바를 모르다.
② 개똥도 약에 쓰려면 없다.
③ 바가지를 쓰다.

친구와 똑같은 필통을 훨씬 비싸게 샀다.
좋아하는 친구를 만났는데 인사도 제대로 못했다.
어제까지 보이던 머리 묶는 고무줄이 아무 데도 없다.

2.

몸		둘		바	를				
개	똥	도		약	에		쓰	려	면
바	가	지		썼	네				

4주차 19일

110쪽 알아보기 1. 수지 2. 민지

111쪽 적용하기 1. ④ 2. 꿩 대신 닭

112쪽 알아보기 1. 군침이 돈다. / 군침이 돌겠구나 2. ③

113쪽 적용하기 1. ① 2. ① 쥐구멍에도 볕 들 날이 있다.
② 군침이 돌았다. ③ 쥐구멍에도 볕 들 날이 있다.

114쪽 확인학습 1. ① - ③ ② - ④ ③ - ① ④ - ②

4주차 20일

115쪽 알아보기 1. 민지 2. ③

116쪽 적용하기 1. ④ 2. ① 설상가상 ② 사후약방문 3. ②

117쪽 알아보기 1. 귀가 번쩍 뜨이는 2.선재

118쪽 적용하기 1. 귀 2. ⑤

119쪽 확인학습 ① 우쭐댄다 ② 욕심 많다 ③ 신중하지 못하다